Alles dreht sich um Textilien und Bekleidung

Geschichte und Geschichten aus der textilen Welt

Kleider machen Leute - Jenseits der
Wegwerfgesellschaft – Schöpferische Zerstörung
Der anonyme Verbraucher

Mit Berichten aus der
Forschungsarbeit deutscher Museen

Tipps für Museumsbesuche
+ Literaturempfehlungen

Silke Kruse, Udo Kruse

Bildnachweis (Titel):
© Hungarian traditional homespun-fotolia.com, © shok-adobe, © alexyakimovski-adobe

© 2020 Silke Kruse, Udo Kruse

Verlag und Druck: tredition GmbH, Halenreie 40-44, 22359 Hamburg

ISBN

	ISBN
Paperback:	978-3-347-11827-0
Hardcover:	978-3-347-11828-7

INHALT

Vorwort

Textilien und Bekleidung haben für den Menschen über Jahrtausende immer eine große Rolle gespielt. So wurde in Deutschland noch bis vor hundert Jahren eine solide Ausstattung mit ihnen als Voraussetzung für die Eheschließung angesehen, und zwar in Form der heute in Vergessenheit geratenen Aussteuer der Braut. Für viele Mädchen war es nicht einfach, sie zusammenzubekommen. Kleidung war kostspielig. Deshalb ging man mit ihr sorgsam um. Da wurde das „gute Sonntagskleid" nach dem Kirchgang sofort wieder ausgezogen. Es musste geschont werden. Und weil man nur wenig Wäsche besaß, war noch bis über die Nachkriegszeit hinaus in vielen Familien nur einmal wöchentlich Wäschewechsel angesagt. Auch weggeworfen wurde so schnell nichts. War Kleidung beschädigt, wurde sie gestopft, gestopft und nochmals gestopft. Wenn sie dann beim besten Willen nicht mehr getragen werden konnte, wurde sie für andere Zwecke umgenutzt. Bis zur „Wegwerfgesellschaft" war es noch weit. Wir schildern diese Welt in den ersten beiden Kapiteln.

Die Mode: Eine sehr „ernste Sache"

Natürlich hat dabei die Mode immer eine große Rolle gespielt. Dieses komplexe Thema behandeln wir vor allem aus soziologischer Sicht. Bekleidung ist danach für die Menschen eine wichtige Ausdrucksform. Mit ihr können sie Zugehörigkeit oder Ablehnung zu einer sozialen Gruppe oder zu anderen Generationen zeigen. Sie können sie auch benutzen, um ihre Rolle und ihren Rang in der Gesellschaft zu demonstrieren. Und das haben sie manchmal bis hin zu absurden Auswüchsen getan und dafür viel Geld ausgegeben. Kein Wunder, dass sich die „Obrigkeit" immer wieder über diese Verschwendung erregte. Interessant aus soziologischer Sicht ist auch, dass es die Mode immer wieder schaffte, die Menschen in bestimmte Rollen geradezu zu zwängen. Häufig war sie dabei auch Schrittmacher des sozialen Wandels – zum Beispiel als sie Anfang des 20. Jahrhunderts die bürgerliche Frau von ihrem eng geschnürten Korsett befreite, weil sie in der Wirtschaft gebraucht wurde.

Die Kraft der schöpferischen Zerstörung

Textilien und Bekleidung haben natürlich auch eine ökonomische Seite. Ihre Herstellung hat vielen Menschen Arbeit und Brot gegeben. Im 19. Jahrhundert wurde die Textilindustrie in Deutschland sogar zu einem der wichtigsten Wirtschaftszweige. Mit ihr begann die industrielle Revolution. So wurden mit der „Kraft der schöpferischen Zerstörung" bis dahin ungeahnte Energien freigesetzt. Und damit veränderte sich die Gesellschaft radikal. Wir schildern dies an den Beispielen bemerkenswerter Erfolgsgeschichten aus dem Textil- und Bekleidungsgewerbe. Es war eine Zeit, in der der Kapitalismus noch jung und dynamisch war – eine Zeit aber auch des wirtschaftlichen Liberalismus, in der den Erfolgreichen fast alles erlaubt war. Sie häuften riesige Vermögen an.

Die Last der Industrialisierung

Das Volk dagegen trug die Last der Industrialisierung. In den Fabriken wurde täglich bis zu 15 Stunden zu einem kärglichen Lohn gearbeitet. Das ist die Kehrseite dieser Entwicklung. Klar, dass dieses Elend nicht widerspruchslos hingenommen wurde. In dieser Zeit gab es nämlich nicht nur den dynamischen Unternehmer. Es traten jetzt auch Männer und Frauen auf, die sich über die Lebens- und Arbeitsbedingungen der Arbeiter empörten und sich leidenschaftlich für Verbesserungen einsetzten. Sie bildeten die Gegenmacht. Die Arbeiterbewegung entstand. Trotzdem tat sich die Gesellschaft schwer, die sozialen Probleme der Industrialisierung zu lösen. Man kam nur mühsam voran.

Modernes Marketing

Wie dem auch sei: Im Laufe der Industrialisierung wurde mehr und mehr produziert – mehr als nachgefragt wurde. Sich nur auf die wirtschaftliche Herstellung von Textilien und Bekleidung zu konzentrieren, reichte für den Markterfolg schon bald nicht mehr aus. Der Unternehmer musste seine Produkte im Wettbewerb gegen Konkurrenzprodukte durchsetzen. Das tat er, indem er ihre Qualität verbesserte und immer modischer ausrichtete. Und das tat er, indem er für sie warb. Im abschließenden Kapitel zeigen wir, worauf es dabei ankommt und wie es dem dynamischen württembergischen Unternehmer Wilhelm Bleyle gelang, erfolgreich einen Markenartikel zu entwickeln, den in Deutschland lange Zeit jeder kannte. Bleyle gilt heute als Pionier des modernen Marketing. Wie gesagt: Damals war der Kapitalismus noch jung und dynamisch...

1. Kapitel

Kleider machen Leute

Was Kleidung verrät

Zeichen für Rolle und Rang – Der Pendelschlag der Mode – Kampf der Frauen um die Hose– Vereinnahmung der Krawatte durch die Damenmode -

Kleidung schützt nicht nur vor Wind und Wetter. Sie ist häufig auch Zeichen für Rolle und Rang in der Gesellschaft. Und sie kann die Zugehörigkeit zu einer sozialen Gruppe ebenso ausdrücken wie deren Ablehnung.

Beispiele hierfür sind sowohl die Tracht als Bekenntnis zur überlieferten Ordnung als auch die Krawatte als klassisches Anpassungs- und Karrieresymbol. Mit dem Verzicht auf derartige Symbole wiederum lassen sich Abgrenzung und Ablehnung demonstrieren – so wie es zum Beispiel Joschka Fischer tat, als er 1985 zur Vereidigung als hessischer Staatsminister ohne Krawatte in grobem Jackett und in Turnschuhen erschien und damit demonstrieren wollte, dass jetzt ein frischer „grüner" Wind weht. Die Grünen verstanden sich damals noch als „Anti-Parteien-Partei". Wir schildern Anpassung und Abgrenzung mit dem „Instrument Kleidung" in diesem Kapitel.

Anhand von Beispielen zeigen wir, wie wir bewusst oder unbewusst tagtäglich Zeichen mit unserer Kleidung setzen: Wir benutzen sie als Sprache. Wir benutzen sie, um anderen etwas Bestimmtes mitzuteilen oder uns darzustellen. Das ist die soziologische Funktion der Kleidung. Sie behandeln wir insbesondere in den Abschnitten „Ein Hut ist eine Botschaft" und „Schuhe als Symbol und Bannerzeichen". Kurzum: Kleidung ist lesbar. Sie lässt Rückschlüsse zu auf das Bild, das wir von uns selbst haben und das andere von uns haben sollen. Das ist seit Jahrtausenden so. Und das gilt auch für die Jugend von heute, die gerne selbstbewusst erklärt: „Ich trage nur, was mir gefällt!" Dabei folgt auch sie nur dem uralten Bedürfnis, in bestimmter Weise von ihrer sozialen Umwelt wahrgenommen zu werden.

Insofern geschieht das alles meistens nicht unabhängig und freiwillig. Wer dazu gehören will, muss sich anpassen – im Berufsleben genauso wie beim Kaffeekränzchen und unter Jugendlichen. Wir werfen dazu einen Blick in die Requisitenkammer der Modegeschichte und sehen, wie man(n) die Frau im 19. und 20. Jahrhundert in bestimmte Rollen geradezu zwängte. An vielen Beispielen bis hin zum Dresscode unserer Zeit zeigen wir dann, dass auch die Männerwelt nicht vom Rollendruck, ja Rollenzwang verschont blieb. Was uns heute schnell zu einem milden Lächeln verleitet, war einmal eine sehr ernste Angelegenheit.

Zeichen für Rolle und Rang

Wer kennt nicht die prächtigen und aufwändigen Kleider der Renaissance, die heute zwar nur noch selten im Original erhalten sind, dafür aber auf vielen alten Gemälden bewundert werden können! Da muss uns niemand erläutern, dass diese Kleidung viel mehr war als Schutz vor Wind und Wetter. Sie war damals ein wichtiges und sehr ernst genommenes Zeichen für Rolle und Rang in der Gesellschaft. Und damit drückte sie auch die Zugehörigkeit zu einer ganz bestimmten Schicht aus. Häufig wurde dies sogar formal in Kleiderordnungen festgelegt, mit denen den Ständen ihre Kleidung zugewiesen wurde und sie damit gleichzeitig auch in ganz bestimmte Rollen gezwängt wurden. Die erste Kleiderordnung wurde bereits im Jahre 808 erlassen, und zwar von Karl dem Großen.

Der Pendelschlag der Mode

Dass sich die Vorstellungen über Schönheit, Körperideale und entsprechend auch die Kleidung ständig ändern, gehört zu unseren Alltagserfahrungen. Da wird Marylin Monroe mit ihrer üppigen Weiblichkeit vom spindeldürren Kultmodel Twiggy („Die teuerste Bohnenstange der Welt") abgelöst. Modewechsel sehen wir als selbstverständlich an. So wie wir es auch als selbstverständlich ansehen, dass wir andere Schönheitsvorstellungen als unsere Eltern haben und unsere Kinder wiederum alles anders sehen als wir.

Die scheinbar nebensächlichen Details des „Darunter" sind Indizien für die wechselnden und dann irgendwann wiederkehrenden Einstellungen zu Körper und Kleidung. Da gab es eine Zeit, in der man dem Wunsch nach einem schlanken, gut geformten Körper durch formende Mieder und Korsagen entsprechen wollte. Dem folgte die Befreiung von dieser einengenden Kleidung. Und heute? Wir sind einige Pendelschläge weiter und stellen fest, dass das alte Schönheitsideal „schlanker, gut geformter Körper" wieder da ist. Nur heißen die Instrumente heute Diät und Fitnessstudio. Natürlich mischt auch die Bekleidungsindustrie wieder kräftig mit. Statt der klassischen einengenden Schnürmieder bietet sie heute bequeme Produkte mit Elastikfasern an, die „die richtigen Formen betont und die falschen kaschiert" – im Handel zu finden unter dem Stichwort „Shapewear-Linie".

Kampf der Frauen um die Hose

Eines der aufregendsten Kapitel der Modegeschichte ist der Kampf der Frauen um die Hose. Die Hose war in unseren Breiten bis in die jüngste Zeit ein Symbol für

Männlichkeit und auch ein Zeichen für Autorität und Herrschaft. Erst im 20. Jahrhundert wurde nach und nach akzeptiert, dass auch Frauen Hosen tragen dürfen. Zuerst nur im sportlichen Bereich akzeptiert, ist die Hose heute zum selbstverständlichen und unentbehrlichen Kleidungsstück geworden. Viele Ältere werden sich noch an die „Hosenkämpfe" erinnern – sei es als Eltern, Vorgesetzte oder „hautnah" als Betroffene.

Die letzte Station lebhafter Auseinandersetzungen um die Hose in den späten 60er-Jahren des 20. Jahrhunderts war dann kein männerspezifisches Problem mehr. Studenten und Studentinnen kämpften gleichermaßen in ihren Blue Jeans gegen das Establishment: Hosen als Zeichen der Abgrenzung gegen die überlieferte Ordnung.

Die Zeit geht weiter: Längst sind die Jeans kein Zeichen der Ablehnung und des Protestes mehr. Die Gesellschaft hat sie für sich vereinnahmt. Die Jeans ist auch nicht mehr „die eine Hose". So unterschiedlich wie die Jeans geworden sind, so verschieden sind auch ihre Träger – und so verschieden sind entsprechend ihre Botschaften.

Vereinnahmung der Krawatte durch die Damenmode
Nicht so dramatisch verlief die Vereinnahmung der Krawatte durch die Damenmode. So gehörte das an sich typische Symbol der Männlichkeit in seiner Frühform schon Ende des 17. Jahrhunderts zur Reitkleidung einiger adliger Damen. Anfang des 19. Jahrhunderts begannen dann Frauen, mit Krawatten Aufmerksamkeit auf sich zu ziehen: Sie kleideten sich wie Männer und trugen Krawatten, um ihren Emanzipationsanspruch zu demonstrieren. Die populärste von ihnen war die häufig Männerkleidung tragende und Zigarren rauchende Schriftstellerin George Sand.

Gegen Ende des 19. Jahrhunderts dann wurde die Krawatte von Sportlerinnen getragen: Tennisspielerinnen, Radfahrerinnen und Seglerinnen banden sie sich um. Überhaupt fällt auf Fotos aus dieser Zeit auf, dass sich jetzt Frauen des Hochadels häufig in Kostüm und Herrenbluse mit Krawatte fotografieren ließen. Dabei ging es allerdings nicht darum, sich wie ein Mann zu kleiden, sondern einfach nur darum, elegant und schick zu erscheinen. Und damit strahlten die Frauen sogar einen gewissen Charme aus. Unter dem Mantel der Mode unterstreicht dieses maskuline Accessoire nämlich eher die Weiblichkeit der Frau – manchmal sogar etwas verrucht und verführerisch. Nicht zufällig hatte George Sand zahlreiche Liebhaber.

Anders die Frauenrechtlerinnen, die um 1900 zur Krawatte griffen. Für sie war die Krawatte ein Gleichberechtigungssymbol. Marlene Dietrich schließlich machte neben dem Hosenanzug auch die Krawatte als Accessoire der Damenmode populär. Durchgesetzt allerdings hat sich die Krawatte bei den Frauen letztlich nicht so recht. Sie bleibt eine Randerscheinung. „Warum nicht einmal seinen eigenen Kleidungsstil mit einer gold-silbern bestickten HUGO BOSS-Krawatte auffrischen", rät heute der Ratgeber blog.de. Und in Japan tragen viele junge Mädchen Krawatten als letzten Schrei. Geblieben ist der „weiblichen" Krawatte insofern nur die Funktion der modischen Abwechslung. Wir behandeln sie denn in diesem Kapitel auch nur als typischen Bestandteil der Herrenmode. Und das ist aus Soziologensicht höchst interessant.

Als die Tracht noch soziale Zugehörigkeit symbolisierte

Abschied von der Krone – Die Tracht im Jahres- und Lebenslauf – Das „Nach-der-Kirche-Kleid"
Trachtenunterschiede von Ort zu Ort – Risse in der Trachtenkultur – Kontakte zur Stadt verändern die
Trachtenwelt – Kompromisse zwischen Tracht und städtischer Mode- Wie viel Spontanität ist heute erlaubt?

Im Jahre 1924 lässt sich die 82jährige Kunigunde Engelhard aus Oberailsfeld in der Fränkischen Schweiz noch einmal in ihrer Hochzeitstracht fotografieren. Aufbewahrt wird dieses Foto im Fränkische Schweiz-Museum Tüchersfeld. Das Tragen der Tracht ist in dieser Zeit längst nicht mehr üblich. Immer weniger Frauen legen sie nach dem Ersten Weltkrieg noch an. Man will modern sein und orientiert sich deshalb mehr und mehr an der städtischen Mode. Trachten gelten als altmodisch.

Das war noch anders, als Kunigunde Engelhard ihre Tracht 1865 als Braut anlegte. Damals sind in den Dörfern der Fränkischen Schweiz die Kleiderfragen noch klar geregelt (so wie in vielen deutschen Landen): Gerade für die Hochzeitsfeier gibt es überlieferte Traditionen, an die man sich hält. Immerhin ist die Hochzeit damals nicht nur für die jungen Leute eines der wichtigsten Feste in ihrem Leben. Auch die Dorfgemeinschaft, in der jeder jeden kennt, und die natürlich mit ihnen gemeinsam die Hochzeit feiert, schaut auf das Brautpaar und legt großen Wert darauf, dass es die überkommenen Traditionen (be)achtet und damit zeigt, dass es sich in die Gemeinschaft einfügen will. Die Tracht ist insofern ein typisches Anpassungssymbol.

Abschied von der Krone

So gehört es zur Tradition, dass Kunigunde Engelhard an ihrem Hochzeitstag zum letzten Male den Hohen Kranz trägt. Diese Krone – ein kunstvolles Gebilde aus vergoldetem Flitter, Drähten und Glasperlen – hatte sie als Kind von ihrer Patin oder Mutter erhalten. Sie hatte sie voller Stolz an höchsten Festtagen getragen. Und dem Mädchen hatte die Krone Anmut und Würde verliehen.

Wie es die Tradition verlangt, wird Kunigunde Engelhard ihre Krone nach der Hochzeit nie wieder aufsetzen. Da die Krone für Jungfräulichkeit, Keuschheit und Reinheit steht, lässt sich der Tausch gegen den Ehering nach der Hochzeitsnacht nämlich nicht mehr rückgängig machen. Kunigunde Engelhard wird die Krone sorgsam verwahren, um sie dann eines Tages an ihre eigene Tochter weiterzugeben. Als verheiratete Frau darf sie fortan nur ein Kopftuch tragen. Das Gewand dagegen wird sowohl von Frauen als auch von Mädchen getragen. Dabei sind den Mädchen die helleren Farben vorbehalten.

In der ländlichen Welt sind zur Zeit ihrer Hochzeit alle Kleidungsfragen noch klar geregelt. Die Tracht ist die Kleidung der Bauern und der Landbürger. Es gibt feste Regeln, wie sie nach Familienstand und zu bestimmten Anlässen zu tragen ist. So kann man an Kunigundes Festtagstracht nach der Hochzeit auf Anhieb erkennen, dass sie nun eine verheiratete Frau ist.

Die Tracht im Jahres- und Lebenslauf

Jahres- und Lebenslauf bestimmen damals die Zusammensetzung der Tracht. Ob Feiertag, Sonn- oder Werktag, Hochzeit oder Trauer, Sommer oder Winter: Immer hat Kunigunde Engelhard bestimmte Regeln zu beachten. Obwohl diese Regeln nirgends niedergeschrieben sind, kennt sie jeder.

So gehen zum Beispiel die Frauen in der Gegend um Egloffstein in der Fastenzeit sowohl sonntags als auch werktags in schwarz, ebenso an den Sonntagen im Advent und zu Allerheiligen. An hohen Feiertagen, die an ein freudiges Ereignis erinnern sollen, sind zwar Kittel und Rock schwarz, die Schürze dagegen kann bestickt oder mit farbigen Bändern besetzt sein (meistens in lila oder in grün). An den einfachen Sonntagen sind die Gewänder (also Rock und Kittel) dunkelgrün, braun, grau und schwarz.

Auffallend ist in Franken wie auch in anderen Regionen die starke Betonung der Hüften. Sie erreichen die Frauen, indem sie bei ihrer in Ober- und Unterteil geteilten Tracht dicht geraffte Unterröcke übereinander tragen. Damit erhält der Oberrock ein glockenförmiges Aussehen.

Besonderer Wert wird im Kirchenjahr auf die großen Festtage wie Ostern, Pfingsten und Weihnachten gelegt. Im Lebenslauf wiederum bestimmen Taufe, Kommunion, Konfirmation, Hochzeit und Begräbnis das Kleidungsverhalten.

Das „Nach-der-Kirche-Kleid"

Keine Frage: die Kleidung ist kostspielig. Deshalb zieht sich Kunigunde Engelhard nach dem Kirchgang stets sofort um. Ihre gute Kleidung darf nämlich auf keinen Fall schmutzig werden. Sie zieht dann ihr „Nach-der-Kirche-Kleid" an. Das ist ein älteres Kirchgangskleid oder ein Gewand aus meist blauem oder blaugemustertem Stoff, das später an den Werktagen aufgetragen wird. Die Frauen tragen diese Kleidung auch zu Einkäufen und zu Besuchen.

Auch für die Kopftücher gibt es feste Vorstellungen. So sind sie an Werktagen meistens dunkelrot oder rot-blau kariert. An Festtagen und bei Begräbnissen haben sie dagegen weiß zu sein. Das alles weiß man. Da kann niemand Fehler begehen. Und heute? Wie sicher sind wir heute in Kleidungsfragen? Wer kennt zum Beispiel die Unterschiede zwischen dem klassischem Business Look, dem Smart Casual Look und dem Business Casual Look? Im nächsten Abschnitt werden wir darauf eingehen.

Trachtenunterschiede von Ort zu Ort

Die Tracht hat sich über lange Zeiträume entwickelt. Sie wurde stark durch die örtliche Gemeinschaft geprägt. Deshalb gibt es innerhalb eines Ortes meistens nur geringe Trachtenunterschiede. Insbesondere ist der Schnitt stets einheitlich. Bei der Auszier gibt es gewisse individuelle Spielräume. Dagegen können schon von Ort zu Ort große Unterschiede bestehen. Entsprechend gab es in Deutschland einmal eine große Trachtenvielfalt.

Es liegt auf der Hand, dass sich bei einem so wichtigen Ausdrucksmittel wie der Tracht ökonomische Unterschiede auswirken. Wie wir in den folgenden Abschnitten über den Hut und den Schuh sehen werden, werden Reichtum und Stand seit eh und je durch entsprechende Kleidung herausgestellt. Wer reich ist, demonstriert dies durch eine prachtvolle Tracht. Wer arm ist, muss sich dagegen mit einer bescheidenen Tracht begnügen. Derartige Unterschiede gibt es überall in Deutschland. So ist in Norddeutschland die prachtvolle Tracht im großen Haus des reichen Marschbauern zu finden, die einfache Tracht dagegen beim Heidebauern. In Niederbayern findet man die prunktolle Tracht im Rottal und die einfache Tracht im Bayerischen Wald. Das ist in der Fränkischen Schweiz nicht anders. So wie man sich im Raum um Forchheim mit seinen ertragreichen Böden Stoffe aus Seidenatlas und Brokat leisten kann, reicht es auf den kargen Hochflächen meistens nur für einfache Baumwollstoffe.

Auch die Anschauungen der dörflichen Gemeinschaften, die damals noch nachhaltig von der Kirche geprägt werden, wirken sich deutlich aus. So ist schwarz als liturgische Farbe für die Protestanten ein Zeichen für die Abkehr von Prunk und äußerlichem Schein (was aber nicht bedeutete, dass die Tracht deshalb nicht wertvoll sein darf). Und anstelle der goldfarbigen Brautkronen der Katholiken – so wie sie Kunigunde Engelhard trug - sind bei ihnen schlichte kronenförmig gebundene silberfarbige Kränze üblich. Kurzum: Da sich die Katholiken farbenfreudiger zeigen, ist an Festtagen häufig schnell erkennbar, ob jemand aus einem katholischen oder einem protestantischen Ort kommt.

Natürlich weiß auch Kunigunde Engelhard, dass sie in Zeiten, die dazu dienen sollen, zu trauern und zur Ruhe zu kommen, schwarz zu tragen hat. Es ist auch keine Frage für sie, dass dies keine Zeit für Feste ist. 1865 ist das alles für Kunigunde Engelhard noch Selbstverständlichkeit, über die sie nicht lange nachdenkt. Sie hat diese Regeln als Kind von ihrer Mutter gelernt. Und sie will sie ihren Kindern weiter vermitteln. So, wie es immer war.

Risse in der Trachtenkultur
Da Kunigunde Engelhard voll in die dörfliche Gemeinschaft integriert ist, stellen diese Regeln für sie wichtige Werte dar, denen sie sich verpflichtet fühlt. Sie kommt deshalb auch gar nicht erst auf den Gedanken, sie nicht zu beachten. Im Gegenteil: Sie hätte sich empört, wenn jemand diese Regeln nicht befolgt hätte. So funktioniert soziale Kontrolle!

1865 ist die Trachtenwelt noch Fundament der dörflichen Kultur. Doch so stabil diese Welt bei Kunigunde Engelhards Hochzeit auch zu sein scheint – schon damals bekommt diese Kultur Risse. Schließlich wird sie zerbrechen.

Wie war das möglich? Um diese Frage zu beantworten, muss man sich den Hintergrund der Trachtenregeln näher ansehen. So ist die Tracht für Kunigunde Engelhard stets auch Ausdrucksform ihres inneren Erlebens. Sie hat nämlich von Kindesbeinen an gelernt, mit ihrer Tracht Freude und Trauer auszudrücken. Und Freude und Trauer wiederum empfindet sie sehr intensiv, weil es für sie selbstverständlich ist, sich gründlich auf jedes Ereignis vorzubereiten. Viele Tage und Wochen vor Festen beschäftigt sie sich damit und ist so nach und nach auf den wichtigen Tag eingestimmt – so wie der Advent heute noch Einstimmungszeit für Weihnachten ist.

Wie ausgeprägt dieses Verhältnis zu Festen und dörflichen Ereignissen einmal war, kann man feststellen, wenn man sich mit älteren Frauen und Männern unterhält, die noch in dieser Welt aufgewachsen sind. Sie wissen häufig erstaunlich viel über Entstehung, Sinn und Inhalt dieser Feste zu erzählen. Feste sind das Fundament ihrer Identität.

Kontakte zur Stadt verändern die Trachtenwelt
Diese feste Einbindung geht mit dem fortschreitenden Industrialisierungsprozess und der damit verbundenen erhebliche Zunahme von Kontakten über den dörflichen Bereich hinaus verloren. Die Eisenbahn verändert auch die dörfliche Welt. Deutschland rückt zusammen.

Deutlich erkennt man die Veränderung, wenn man die klassische ländliche Trachtenwelt mit der Gegenwart vergleicht: Wer bereitet sich heute noch intensiv auf Festtage vor? Wer zeigt seine Trauer öffentlich? Wer aber nicht trauern will, seine Trauer verdrängt oder sie als höchst persönliche Angelegenheit ansieht, hat auch keine Veranlassung, sich der Kleidersprache zu bedienen. Und wer sich auf Feste nicht intensiv vorbereitet und sie auch nicht verinnerlicht erleben will, braucht an Festtagen keine Ausdrucksform für sie. Für ihn sind die Trachtenregeln bedeutungslos. Die Tracht verkümmert dann bestenfalls zur einfach nur „bedeutungslosen schönen Kleidung".

Hinzu kommt, dass diejenigen, die Freude oder Trauer über ihre Kleidung zeigen wollen, andere brauchen, die ihre Zeichen verstehen. Bei Kunigundes Hochzeit war das kein Problem. In der kleinen dörflichen Gemeinschaft mit ihren ausgeprägten sozialen Beziehungen verstehen alle die Trachtensprache, weil alle diese Sprache im selben Sozialisationsprozess gelernt hatten. Darum mag so manche ältere Frau auch wehmütig auf die Brautkrone geschaut haben, die die junge Frau nun zum letzten Male trug.

Wer wird heute Ähnliches empfinden, wenn er bei einer Trachtenhochzeit auf die Krone der Braut schaut? Gewiss: Die Krone ist schön anzuschauen. Darüber freuen sich die Gäste und die Zuschauer. Ihre Symbolik aber versteht kaum noch jemand. Ohnehin ist viel in Vergessenheit geraten. Soviel, dass man die vielen Feinheiten der Tracht, die in Deutschland von Ort äußerst unterschiedlich sein konnten, kaum noch vollständig erforschen kann.

In dem Maße, in dem die alten sozialen Beziehungen zerbrechen, verlieren die alten Trachtenregeln ihren Sinn. Das stellt auch Kunigunde Engelhard im Laufe der Jahre fest. So lassen Eisenbahnbau und immer häufigere Kontakte über den engen dörflichen Bereich hinaus die sozialen Kontakte im Dorf zurückgehen. Man wird mobiler und verliert damit nach und nach die Bindung an sein Dorf.

Kompromisse zwischen Tracht und städtischer Mode

Beschleunigt wird der Niedergang der Trachtenkultur zudem durch einen grenzenlosen Fortschrittsglauben. Und dieser Fortschritt liegt in der Stadt und in der damals trotz aller sozialen Probleme noch als faszinierend empfundenen industriellen Revolution. Es ist eine Zeit, in der Tracht tragende Frauen immer häufiger „von oben herab" als rückständig angesehen werden. Der Fortschritt heißt „Wandel" und immer wieder „Wandel".

Wer über seinen Sozialisationsprozess die Trachtenregeln als Wert verinnerlicht hat, wird die Tracht trotzdem nicht ohne weiteres ablegen. So verzeichnet die Chronik denn auch die Versuche vieler Frauen, ihre Tracht stärker der städtischen Mode anzugleichen. Sie passen ihre Kittel an die seinerzeit modernen Blusen und Kostümjacken an. Auch die Bestickung der Kleidung mit Perlen wird übernommen. Letztlich aber müssen die meisten dieser Frauen einsehen, dass ein Kompromiss zwischen Tracht und städtischer Mode nicht mehr möglich ist. In der fortschrittsgläubigen Welt außerhalb des Dorfes gilt alles, was an die Tracht erinnert letztlich als rückständig. Und weil sie nicht als rückständig gelten wollen, legen insbesondere die jüngeren Frauen ihre Tracht immer seltener und schließlich überhaupt nicht mehr an. Als Kunigunde Engelhard ihre Hochzeitstracht 60 Jahre nach ihrer Heirat wieder trägt, ist das etwas Besonderes – ein Blick in das weit entfernte Gestern.

Wie viel Spontanität ist heute erlaubt?

Insofern drängt sich die Frage auf, wie viel Spontanität im Zusammenleben möglich ist. Kann sich heute wirklich jeder in jeder Situation spontan und beliebig verhalten? Ist es egal, was man anzieht – sei es nun zum Kaffeekränzchen, beim Kegelklub oder im Berufsleben? Ganz sicher nicht! Auch und gerade die Nonkonformisten (beginnend bei den Hippies mit ihren gebatikten Hemden) haben ihre Kleiderordnung. Und wer Karriere machen will, muss häufig die Bezeichnungen „business casual", „smart casual" oder nur „casual" entschlüsseln können. Die Gefahr zu fein oder zu lässig angezogen zu sein, lauert überall.

Diese Gefahr war in der Trachtenwelt geringer. Da kannte sich jeder aus. Für Kunigunde Engelhard hatte das den großen Vorteil, dass sie sich jederzeit in ihrer Welt zurecht fand. Sie wusste, wie sie sich zu verhalten hatte. Ihre moderne Enkelin ist sich dabei nicht so sicher. Die durchaus vorhandenen Regeln des Zusammenlebens sind nicht immer und vor allem nicht für jeden ohne weiteres erkennbar. Schon von daher tun sich heute manche Eltern schwer, ihre Kinder in die Gesellschaft einzuführen. Resignierend stellte zum Beispiel der SPIEGEL in seinem Titelbeitrag „Das Ende der Erziehung" fest, dass es für Eltern und Lehrer noch nie so schwer war, aus Kindern Erwachsene zu machen.

Nicht zufällig heißen deswegen die beunruhigenden Stichworte unserer Zeit „Isolation" und „Einsamkeit". Und betroffen sind – wie immer – die Schwächeren, weil sie sich nicht zurechtfinden. Ihnen fehlen Verhaltenskrücken wie die Trachtenregeln. Vielleicht ist auch deshalb die Sehnsucht nach der Trachtenwelt für manche Menschen groß. Dass die damalige Welt keine Alternative für unsere Zeit ist, braucht an dieser Stelle nicht diskutiert werden. Mit Sozialromantik löst man keine Zeitprobleme.

Um dem Leben der Kunigunde Engelhard gerecht zu werden, sei abschließend darauf hingewiesen, dass ihre Jugendwelt so statisch denn auch wieder nicht war. Kultur ist stets in Bewegung gewesen. So hat jede Generation etwas weggelassen oder verändert von dem, was die vorherige hatte. Dafür fügte sie Neues hinzu. Schon immer wollten sich junge Frauen bewusst von der älteren Generation abgrenzen, ohne deshalb ihre Welt infrage zu stellen. Insofern kann man auf alten Fotos durchaus Unterschiede zwischen den Generationen bei den Trachten erkennen.

So weist René König in seiner „Soziologie der Mode" darauf hin, dass es auch bei noch so festen Regeln immer eine Variationsbreite gegeben hat, in der abweichendes Verhalten toleriert wurde. Erst wenn die Abweichungen diese Grenzen überschritten, wurden sie problematisch. Erst dann reagierte die Gesellschaft mit Druck und Widerstand, um die Beachtung der traditionellen Sitte zu erzwingen.

Auf jeden Fall erforderte es damals mehr Mut für die einzelne Frau, etwas an ihrer überkommenen Tracht zu ändern als heute durch auffällige Kleidung Protest gegen die Gesellschaft auszudrücken.

Noch heute sieht man im Umland von Forchheim vereinzelt Trachtenträgerinnen. Da letztlich aber kaum jemand noch die Trachtensprache versteht, ist ihre Tracht nur noch schöne Kleidung – schön anzuschauen - vielleicht auch mit etwas romantischer Wehmut. Mehr aber auch nicht. Das Gestern ist vergangen.

Fränkische Schweiz-Museum Tüchersfeld
Am Museum 5, 91278 Pottenstein   www.fsmt.de

Dieser Abschnitt ist auf Anregung und in Abstimmung mit dem Fränkische-Schweiz-Museum Tüchersfeld entstanden. Das Museum zeigt die geschilderte Trachtenvielfalt in der Fränkischen Schweiz, aufgeteilt nach Alter, Familienstand sowie Werktags-, Sonntags- und Festtagstracht. Sehenswert sind auch komplette Werkstatteinrichtungen von alten Handwerken, die heute kaum noch betrieben werden. Auch das regionale Zunftwesen ist umfangreich vertreten (u.a. Zunfttruhe und Willkomm-Kannen).

Literatur

Die Trachtenvielfalt der Fränkischen Schweiz im Wandel. Ausstellungskatalog des Fränkische Schweiz-Museums, Band 4. Redaktion: Rainer Hofmann, Tüchersfeld 1994

Helmut Ottenjann (Hrsg.): Mode, Tracht, regionale Identität. Historische Kleidungsforschung heute. Referate des internationalen Symposions im Museumsdorf Cloppenburg; 2. Aufl., Cloppenburg 1988.

Ruth Kilian: Blicke auf das Ries. Land und Leute in der verwalteten Region. Nördlingen 2000 (Diss. 1999).

Toni Meissner, Jean-Loup Debionne: Die schönsten deutschen Trachten. München 1987.

Wolfgang Bruhn, Max Tilke: Kostümgeschichte in Bildern. Eine Übersicht der Kostüme aller Zeiten und Völker vom Altertum bis zur Neuzeit einschließlich der Volkstrachten Europas und der Trachten der außereuropäischen Länder. München 2001.

Wie die Krawattenmode die Einstellung zur Gesellschaft widerspiegelt

Die 50er-Jahre: „Keine Experimente" – Die 60er-Jahre: Krawattentragen wird zur Gesinnungsfrage – Die 70er-Jahre: Die Jugend entdeckt die Krawatte – Die 80er- und 90er-Jahre: Die Krawatte als Statussymbol Das neue Jahrtausend

Kommen wir jetzt zu den Männern: Seit Mitte des 19. Jahrhunderts gehört ihre Krawatte zu den Konventionen der europäischen Kultur. Wer „dazu" gehören will, trägt sie. Wer sich abgrenzen will, lässt den Kragen offen. Revolutionäre tragen keine Krawatte. Schließlich wollen sie die Gesellschaft verändern.

In der Geschichte der Bundesrepublik spiegelt sich die Einstellung zur Gesellschaft in erstaunlicher Weise im Wandel der Krawattenmode wider. Da ist zunächst die auf Sicherheit und Ordnung bedachte Nachkriegsgesellschaft mit ihren konservativen Krawattenmustern. Anpassung ist angesagt. Mit den Generationenkonflikten Ende der 60er-Jahre wird dann alles vielfältiger und bunter. In der Wohlstandsgesellschaft ist bei den jungen Leuten Anpassung nicht mehr gefragt. Die Phantasie hat freien Lauf. Ob Anpassung oder Ablehnung: erlaubt ist, was gefällt. Die Soziologen raufen sich die Haare. Und heute? Derzeit geht der Trend – so Claus Dietrich Lahrs, der Chef von Hugo Boss – zurück zum

Anzug und zur Krawatte. Jedenfalls kann sein Unternehmen seit 2009 einen deutlich gesteigerten Krawattenumsatz verzeichnen. Aber das kann bald schon wieder anders sein.

Die 50er-Jahre: „Keine Experimente!"

Nach den Wirren des Zweiten Weltkrieges ist das Sicherheits- und Anpassungsbedürfnis in der Bundesrepublik groß. Mit dem Motto „Keine Experimente!" werden Wahlen gewonnen. Und wie häufig in Nachkriegszeiten legt man auf die Beachtung althergebrachter Konventionen größten Wert. Wir werden das in einem der nächsten Abschnitte über die Frauenmode anhand von Beispielen ebenfalls sehen.

Diese Einstellung ist nachvollziehbar. Schließlich schaffen Konventionen jene Sicherheit, die man lange vermisst hat. Entsprechend sind korrektes Benehmen und korrekte Kleidung „in". Anstandsbücher finden reißenden Absatz. In ihnen kann jeder nachlesen, wie er sich zu verhalten hat und wie man sich kleidet. Natürlich wird in ihnen auch die Krawatte behandelt – sogar ausführlich. Unauffällig hat sie zu sein. Dem Anzug dezent angepasst. Ob im Büro, zum Sport, zum Dinner oder auf Reisen: für jede Gelegenheit gibt es die passende Empfehlung. Individuelle Abweichungen sind nicht erwünscht. Und die Männer? Sie passen sich an.

Die 60er-Jahre: Krawattentragen wird zur Gesinnungsfrage

Als sich dann Ende der 60er-Jahre in gesicherter politischer und materieller Lage der Generationenkonflikt in Studentenunruhen entlädt, ist dann plötzlich alles ganz anders. Jetzt ist die Krawatte als Anpassungssymbol verpönt. Krawattenträger sind grundsätzlich erst einmal verdächtig. Nur „Spießer" tragen Krawatten! Und wer will das in diesen wilden Tagen schon sein! Überhaupt ist in dieser Zeit eine „schöne klassische Hülle" verpönt. Sie wird als oberflächlich gebrandmarkt. Vor diesem Hintergrund wird in den späten 60er-Jahren „Hair" zu einem der erfolgreichsten Musicals überhaupt. Es ist die Geschichte einer Gruppe langhaariger Hippies, die mit Blumen im Haar gegen das Establishment aufsteht.

In diesen Tagen wird das Tragen und Nichttragen von Krawatten zur Gesinnungsfrage. Manch ein Mann lockert da schon einmal lässig den Knoten oder legt die Krawatte ganz ab. So auffällig bisher Anpassung demonstriert wurde, so auffällig demonstriert man(n) jetzt Gelassenheit, Abgrenzung oder sogar Ablehnung. Der Druck, sich gruppenkonform zu verhalten, ist bei den Nonkonformisten enorm. Wer zu ihnen gehören will, muss sich ihren Regeln anpassen. Wehe, man erscheint bei ihnen mit Krawatte! Gebatikte Hemden werden erwartet.

Ist das der Niedergang der Krawatte? Keineswegs! Letztlich ist das alles schon einmal dagewesen. Die Entwicklung erinnert an einen Prozess, den der amerikanische Professor Walt W. Rostow in seinem 1959 erschienen nationalökonomisch-soziologischen Bestseller „Die Stadien des wirtschaftlichen Wachstum" „Buddenbrook-Dynamik" nennt: Danach wendet sich die materiell gesicherte Generation vom engstirnigen Geldverdienen ihrer satten und selbstzufriedenen Eltern ab. Sie verachtend, strebt sie nach gesellschaftlicher und sozialer Stellung. Aber schon die folgende Generation hat ganz andere Neigungen. Da ihre Familie in Wohlstand lebt und jetzt auch noch soziales Prestige genießt, hält sie nichts mehr von den klassischen gesellschaftlichen Konventionen. So ist der nächste Generationenkonflikt vorprogrammiert - und damit natürlich auch der nächste Modewandel!

Die 70er-Jahre: Die Jugend entdeckt die Krawatte

Auf ihn brauchen die Modemacher diesmal nicht lange warten. In den 70er-Jahren entdeckt die Jugend die Krawatte als betonenden Blickfang neu – als ein Accessoire, das sie ideal zur Selbstdarstellung nutzen kann. Sie kokettiert mit Farben und Dessins. Und sie erkennt: Es wäre dumm, auf ein derart wirkungsvolles Attribut mit einer so reichhaltigen Farbskala in den Dessins zu verzichten. Man muss es nur anders machen. Darauf kommt es an. So wird ihre Krawatte „schockierend" breit, und zwar bis zu zehn Zentimeter. Vor allem grenzt man sich mit Pop- und Op-Art-Mustern, mit Schmetterlingen, Elefanten und Autos in poppigen Farben ab. Auf den ersten Blick ist zu sehen: Diese Krawatte ist nicht das Attribut der Etablierten.

Aber auch das ist nicht neu in der Modegeschichte. So warfen sich zum Beispiel die Freigeister der Romantik ihre Halstücher nur in nachlässigem Bogen und mit Falten um den Hals oder ließen nur den Hemdkragen über den kurzen Rockkragen auf die Schulter fallen – und zwar ganz bewusst gegen die strengen Sitten der Zeit. Das war eine Herausforderung! Friedrich Wilhelm III hat sie deshalb sogar als aufrührerisch verboten.

Die 80er- und 90er- Jahre: Die Krawatte als Statussymbol

In den 80er- und 90er-Jahren verzeichnet die Krawatte wieder einmal einen Aufschwung. Eine große Rolle spielen dabei einerseits der gesteigerte Anpassungsdruck und die Ausweitung der Arbeitslosigkeit und andererseits das zunehmende Karrierebewusstsein vieler junger Leute. Kurzum: Die Krawatte wird wieder einmal als Statussymbol gebraucht. Für die Mode ist dieser Umschwung ein wahrer Glücksfall.

Aber auch und gerade in diesen Jahren gilt: Wer sich abgrenzen will, lässt die Krawatte weg – so wie 1985 Joschka Fischer, als er zur Vereidigung als hessischer

Staatsminister für Umwelt und Energie in grobem Jackett und Turnschuhen erscheint. Als „Turnschuhminister" steht er für den politischen Wandel – für frischen „grünen" Wind. Später – im Laufe seiner bemerkenswerten Karriere – hat er dann allerdings sein grobes Jackett ausgezogen und sich stattdessen für den konservativen Anzug entschieden. Und natürlich hat er sich dazu eine dezente Krawatte umgebunden.

Für die Jugend gelten in dieser Zeit Batik-, Strick und Lederkrawatten als Alternativen zu den „spießigen" Seidenkrawatten. Besonders die Lederkrawatte wird zum Symbol für Junggebliebene und solche, die sich gerne mit einem solchen Attribut schmücken wollen.

Das neue Jahrtausend

Die Krawatte ist heute ein typisches Karrieresymbol. Sie steht für Tüchtigkeit am Arbeitsplatz und für Karriere am Schreibtisch. So ist zum Beispiel der hanseatische Kaufmann in Hamburg nicht nur tüchtig, sondern auch elegant gekleidet, und zwar mit dezenter Krawatte. Das nimmt er sehr ernst. Überhaupt gibt es auch heute einen starken Rollendruck, dem sich kaum jemand entziehen kann, der dazu gehören oder Karriere machen will. Das Stichwort in der Geschäftswelt heißt heute Dresscode. Und dieser Dresscode hat manche knifflige Abstufung, deren Missachtung peinlich sein kann. Entsprechend stellt Claus Dietrich Lahrs von Hugo Boss fest: „Man trägt dieses oder jenes, gibt es so nicht mehr."

Da reicht es auch nicht, sich sicherheitshalber auf die klassische Garderobe mit dunklem Anzug, einfarbigem Hemd und dezenter Krawatte zu beschränken. Vom erfolgreichen Geschäftsmann wird vielmehr erwartet, dass er zumindest zwischen klassischem Business Look, dem Smart Casual Look und dem Business Casual Look unterscheiden kann. Damit wird in der Geschäftswelt ein einheitliches Gruppenbild und eine einheitliche Atmosphäre erreicht – auch in Abgrenzung zu anderen gesellschaftlichen Gruppen. Und es ist leicht erkennbar, wer dazu gehört und wer (noch) nicht.

Nicht immer gehört dabei die Krawatte dazu. Beim Smart Casual soll der Verzicht auf sie Lockerheit demonstrieren. Hier ist Außenseiter, wer im klassischen Anzug mit Krawatte erscheint. Insofern ist ein Umkehrschluss zur Aussage „Revolutionäre tragen keine Krawatten" nicht zulässig. Nicht jeder, der keine Krawatte trägt ist deshalb Revolutionär oder Außenseiter.

Halstuch oder Krawatte?

Die Krawatte in ihrer heutigen Form – der Langbinder - setzt sich in Europa erst nach 1860 durch.

Sie hat ihren Ursprung in dem breiten Halstuch mit herabhängenden Enden, das kroatische Truppen im 17. Jahrhundert in Frankreich trugen. (die Bezeichnung „cravate" leitet sich von „Kroate" ab). Ludwig XIV. ist von diesem Kleidungsstück begeistert und führt es an seinem Hof ein. Da der Sonnenkönig damals Trends setzte (er war ein also ein Trendsetter seiner Zeit), wird die Krawatte schnell populär. Wir werden im übernächsten Abschnitt sehen, wie auf diese Weise Ende des 19. Jahrhunderts der Homburg zum Verkaufsschlager wird: Die Herrenwelt orientiert sich damals nämlich an seinem Schöpfer, den modebewussten Edward, Prince of Wales (also auch ein Trendsetter). Es ist eigentlich immer wieder derselbe Prozess.

Es gab auch weitere Vorläufer der Krawatte – von der römischen Focale (dem Tuch zwischen Rüstung und Hals) bis hin zur Halsbinde von Offizieren und Generälen im Dreißigjährigen Krieg. Aber das interessiert uns aus soziologischer Sicht hier weniger. Interessanter ist, dass das Halstuch schon immer eine Alternative zur Krawatte war. Es war gleichsam die Krawatte des unteren Standes sowie von Freigeistern und Künstlern. Durchsetzen konnte es sich bei den Wohlhabenden schon deshalb nicht, weil es nicht zu den Halskrausen und breiten Spitzenkrausen des 16. und 17. Jahrhunderts passte.

Interessant aus soziologischer Sicht ist, dass das Halstuch als soziales und politisches Gesinnungszeichen während der französischen Revolution von Künstlern und Anhängern der Aufklärung getragen wurde: hier ihre bunten Baumwolltücher – dort die weißen Seidenkrawatten des Adels. In Deutschland trugen die Revolutionäre von 1848 demonstrativ rote Halstücher. Ansonsten lief im 19. Jahrhundert die willkürliche Bindeform des Halstuches und der lockere Fall der Auffassung einer exakten Herrenmode mit korrekt sitzenden Accessoires zuwider.

Erst 1930 gewann das Halstuch in der eleganten Herrenmode an Bedeutung. Als „Cachenez" wurde es in Weiß zu allen eleganten Herrenmänteln getragen. Nach und nach ersetzte das Halstuch die Krawatte in der Sportbekleidung der Oberschicht, beim Segeln und beim Tennis.

Durchgesetzt haben sich heute der Ascot-Schal und der Shorty (Kurzschal), die sich im Zuge der Entwicklung der Citymode hin zur Casualmode immer größerer Beliebtheit erfreuen.

Zentrum der deutschen Krawattenindustrie in Deutschland ist nach wie vor Krefeld. Bekannt wurde die Stadt am Niederrhein durch die Fertigung exklusiver Seidenstoffe. Aus denen wurden dann auch Krawatten hergestellt. Heute kommen rund 80 Prozent der in Deutschland gefertigten Krawatten aus Krefeld. Allerdings stammen die meisten Seidenkrawatten aus Italien.

Es gibt noch viel zu erzählen…

Es gibt noch eine Menge über Krawatten zu erzählen. Allein die Typisierung des Krawattenträgers nach Knoten, Farben und Dessins gibt Stoff für endlose Gespräche. Stimmt es, dass ein Mann, der Tupfer trägt, eigenwilliger als ein Streifenträger ist? Ist er umso vornehmer, je kleiner die Muster seiner Krawatte sind? Zeugen große Muster von Phantasie und starkem Selbstbewusstsein, einfarbige Krawatten dagegen von Phantasielosigkeit? Honoré Balzac jedenfalls ist 1830 der Meinung: „An der Krawatte erkennt man den Menschen."

Und noch etwas: Geschildert werden konnten in diesem Abschnitt nur Modetendenzen. Dass es genügend Menschen gibt, die sich diesen Tendenzen entziehen oder widersetzen, liegt auf der Hand. Vielfach aber wird die Mode ganz einfach nur „mitgemacht". Da haben wir auf der einen Seite den Krawattenträger in der Businesswelt, der eher klassisch gekleidet dezentere Krawatten bevorzugt – so wie es von ihm erwartet wird. Auf der anderen Seite finden wir den Mann, der widerspruchslos die Krawatte trägt, die ihm seine Ehefrau, Mutter oder Freundin ausgesucht hat. Nicht zu vergessen ist die Gruppe der Künstler, bei denen unabhängig von ihrer gesellschaftlichen Einstellung und ihrem Status das Krawattentragen verpönt ist. Auch das ist eine Frage der Rollenerwartung, ja des Rollenzwanges. Mit derartigen soziologischen Aspekten werden wir uns in den folgenden Abschnitten noch häufiger beschäftigen.

Ob dafür oder dagegen, ob Lust oder Unlust – es gibt kaum ein Accessoire, bei dem die Symbolik so aktuell geblieben ist wie bei der Krawatte.

Dieser Abschnitt wurde erstellt unter Abstimmung mit Sepp Halbritters Krawattenmuseum in Fuchsstadt, und zwar mit Sepp Halbritter und seiner Designerin Elisabeth A. Dichtl. Das Museum existiert leider nicht mehr.

Literatur

Francois Chaille: Tradition und Trend - Krawatten. Niedernhausen 1997.

Baron von Eelking: Bilanz der Eitelkeit. Die Geschichte der Krawatte, Göttingen 1976.

Roman Sandgruber: Frauensachen - Männerdinge. Eine "sächliche" Geschichte der zwei Geschlechter. Wien 2006.

Ingrid Loschek: Accessoires. München 1993.

Gundula Wolter: Reclams Mode- und Kostümlexikon. Ditzingen 2011.

Schuhe als Statussymbol und Bannerzeichen

Die Schutzfunktion – Schuhe, die sich nur wenige leisten konnten – Der Schuh als Protestzeichen
Zwischen Zugehörigkeit und Ablehnung – Die passenden Schuhe – Grundtypen des Schuhwerks

Die Geschichte des Schuhs ist so alt wie die Geschichte der menschlichen Kultur. Zunächst soll der Schuh nur die Füße schützen. Dann wird er zum Gegenstand der Mode und zum Statussymbol. Und als Bundschuh wird er zum Zeichen des Protestes. Kurzum: Der Schuh ist ein Kulturgut.

Das alles können wir in Richard Fenchels Schuhminiatur-Sammlung bestaunen – einer einmaligen kulturgeschichtlichen Meisterleistung mit über tausend selbstgefertigten Schuhminiaturen im Maßstab 1:3. In mehr als 50 Jahren hat Schuhmachermeister Fenchel (fast) alles über seine winzigen handgeschnitzten Leisten geschlagen, was einfache und „große" Leute im Laufe der Weltgeschichte an ihren Füßen trugen.

Die Schutzfunktion

Am Anfang von Richard Fenchels Sammlung steht die Rekonstruktion des Urschuhs. Schmucklos und primitiv werden die ersten Schuhe des Menschen gewesen sein. Einfach nur Schutz seiner Füße gegen kantige Steine und spitze Dornen. Vielleicht auch gegen Hitze und Kälte. Oder auch gegen Schlangenbisse.

Irgendwann jedenfalls kommt der Mensch auf den Gedanken, etwas zum Schutz seiner Füße zu tun. Vielleicht hat er sich grollend nach der x-ten Verletzung ein Fell um seine Füße gelegt und es dann mit Riemen befestigt. Vielleicht hat er sich auch nur Sohlen unter seine Füße gebunden. So genau lässt sich das nicht mehr feststellen. Die Spuren aus der Vorzeit sind längst verwischt und jene ersten Schuhe längst zerfallen. Die älteste bekannte Spur ist 17.000 Jahre alt. Damals hält ein steinzeitlicher Maler den legendären Urschuh an der Wand einer Höhle fest: Dieser Schuh besteht aus um Fuß und Bein eines Jägers gebundene Rohfelle. Nach dieser Abbildung hat Meister Fenchel seinen Urschuh rekonstruiert. Klar: Lange bevor die Menschen Fäden zu einem Gewebe verknüpften, benutzten sie Felle wilder Tiere…

Von da an ist es dann noch ein weiter Weg zu den kostbaren Seidenschuhen der Oberschicht im chinesischen Reich um 2500 vor unserer Zeitrechnung oder erst recht den ausladenden mittelalterlichen Schnabelschuhen. Es geht weiter über Schuhe des Rokoko, Empire und Biedermeier bis hin zum Disco-Look und zu den Astronautenstiefeln unserer Tage. Meister Fenchels Schuhminiaturen zeigen, dass das Schuhwerk nur selten auf seine Schutzfunktion beschränkt bleibt. Die Mode spielt häufig eine große Rolle. Und dann sind die Schuhe natürlich auch immer wieder Statussymbol.

Aber es geht auch ohne Schuhe. Jedenfalls kennen auch heute noch viele Menschen in aller Welt keine Schuhe. Sie gehen barfuß durch die Jahrtausende. Ihre Füße sind abgehärtet. Mit Schuhen könnten sie sich gar nicht richtig bewegen. Dagegen wird in „beschuhten" Gesellschaften Barfußgehen als abweichendes soziales Verhalten angesehen.

Das kann Symbolkraft haben. So sieht man Barfußgehen im Christentum als Zeichen der Armut und Reinheit an. Märtyrer und Heilige werden deshalb barfuß dargestellt. Bei den Moslems und Hindus darf der Gott geweihte Boden nur mit bloßen, reinen Füßen betreten werden. Ansonsten gilt das Barfuß gehen als unhygienisch und stillos. So betritt man „bei uns" keine öffentlichen Gebäude, Restaurants oder Kirchen.

Schuhe, die sich nur wenige leisten können
Es ist erstaunlich, was sich der Mensch im Laufe der Jahrtausende so alles einfallen lässt, um sich mit seinen Schuhen von anderen Menschen abzusetzen. Form und Material der Schuhe werden in den verschiedensten Varianten Zeichen für Rang und Rolle in der Gesellschaft. So wetteifert man mit verzierten Schuhen, die sich wegen des Schmucks mit edlen Steinen, Gold, Silber und prunkvollen Stickereien nur wenige leisten können.

Zeitweilig kann man die gesellschaftliche Stellung eines Menschen sogar an der Länge seiner Schuhspitzen ablesen: Je länger desto vornehmer! So erreichen die Schnäbel der Schnabelschuhe, die vier Jahrhunderte lang die Schuhmode beherrschen, Längen bis zu sage und schreibe drei Fuß. Im Extremfall muss sein Träger die Schuhspitzen mit einem Kettchen unterhalb des Knies befestigen, damit er sich fortbewegen kann. Und natürlich gibt es Standesunterschiede. So ist in einer Kleiderordnung des 15. Jahrhunderts festgelegt, dass die Länge der Spitzen für Fürsten und Prinzen 2 ½ Fuß, für Ritter 1 ½ Fuß, für vermögende Bürger 1 Fuß und für die niederen Stände ½ Fuß betragen darf. Noch heute kennen wir von daher die Redewendung „Auf großem Fuß leben".

Um auf der Straße gehen zu können, werden unter die Schnabelschuhe „Trippen" gebunden. Sie sollen die kostbaren Schuhe vor Schmutz schützen. Eigentlich sind sie nichts anderes als pantinenähnliche Holzsohlen. Aus den Trippen wird später der Absatz entwickelt. Solche Probleme kannte das einfache Volk nicht. Sofern es nicht ohnehin barfuß geht, wandert es mit einfachsten selbst gefertigten Holz- oder Strohschuhen durch die Jahrhunderte.

Der Schuh als Protestzeichen

Von der Völkerwanderungszeit bis ins 16. Jahrhundert ist der Bundschuh in Deutschland der Schuh der einfachen Leute. Seine Herstellung ist denkbar einfach: Er besteht aus einem einzigen Fell- oder Lederstück, das an der Seite in Riemen geschnitten oder mit Riemen durchzogen ist, die dann auf dem Fußrücken gebunden werden.

Als den einfachen Leuten alles einmal „zu bunt" wird, erheben sie sich unter dem Zeichen ihres Schuhes. Damit wird der Schuh zu einem Bannerzeichen. Das hat sich tief in das Gedächtnis unserer Gesellschaft eingeprägt – so tief, dass wir bei dem Wort „Bundschuh" noch heute an die zahlreichen Bauernerhebungen im 15. und 16. Jahrhundert denken, mit denen die einfachen Leute auf die Großspurigkeit der Herrschenden reagierten. Der Bundschuh war ihr Bannerzeichen.

Natürlich hat Meister Fenchel auch den Bundschuh nachgebildet. Er ist in einer der zahlreichen Vitrinen zu finden, in der er seine Miniaturschuhe nach Epochen geordnet darstellt. Zu jedem Schuh hat er mit Zeichnungen und Texttafeln den geschichtlichen Hintergrund aufgerissen. So wird der Bundschuh sofort durch das Stichwort „Bauernkrieg und sein Bannerzeichen" zu einem Stück greifbarer Geschichte.

Welche Symbolkraft der Schuh auch heute noch haben kann, zeigt sich 2010 im Irak, als der Journalist Muntadar al-Zaidi während einer Pressekonferenz George W. Busch unter Flüchen mit zwei Schuhen bewirft. Weil es in der arabischen Welt kaum ein anderes Kleidungsstück gibt, mit dem man so viel Verachtung ausdrücken kann, wird der Schuhwurf bei Arabern mit antiamerikanischen Gefühlen mit Genugtuung und Begeisterung aufgenommen. Der Widerstand hat ein Symbol, der Angreifer wird als Held gefeiert. Und so prasseln dann auch gleich auf eine Fahrzeugkolonne der US-Streifkräfte Schuhe nieder…

Quellen der Nachbildungen

Die Informationen über Aussehen und Material der Schuhe hat Richard Fenchel aus den unterschiedlichsten Quellen erhalten. Alte Schriften, Fachliteratur, zeitgenössische Beschreibungen, wissenschaftliche Quellen und Ratgeber waren ebenso Ratgeber wie Höhlenmalereien und Museumsbesuche. Besonders stolz ist er darauf, dass ihm auch dann überzeugende Nachbildungen gelungen sind, wenn es kaum noch oder gar keine Spuren mehr gab. Das war häufig bei den Schuhen der einfachen Leute der Fall, weil diese ihre Schuhe aufgetragen und dann schlicht und einfach verheizt haben.

Für Neil Armstrongs Bleischuhe, in denen der amerikanische Astronaut am 21. Juli 1965 als erster Mensch einen Fuß auf den Mond setzte, fehlten ihm längere Zeit Maße und Materialangaben. Kurzerhand schrieb er schließlich an das Raumfahrtzentrum in Houston. Die Antwort kaum prompt samt Autogramm des Raumfahrers.

Der erotische Schuh

Erotik spielt in der Mode immer eine große Rolle – natürlich auch beim Schuh. Typisches Beispiel der Gegenwart ist der hochhackige Schuh. Er zwingt die Frau zu einem wiegenden Gang, bei dem automatisch Busen und Gesäß herausgedrückt werden. Historisch fällt der Blick auf die viel zu kleinen Schuhe, in die jahrhundertelang chinesische Prinzessinnen ihre Füße zwängen mussten. Der Grund: Kleinen Füßen wurden liebessteigernde Eigenschaften nachgesagt. Sie galten als Standeszeichen besonderer Art. Das waren sie auch in unserer Kultur. Denken wir nur an Aschenputtel, die für den Prinzen die „rechte Braut" war, weil nur ihr der zierliche Schuh passte.

Zwischen Zugehörigkeit und Ablehnung

Ist das heute alles ganz anders? Keineswegs. Auch die Schuhmode wechselt dauernd. Dabei haben die verschiedensten sozialen Gruppen – von den Schülern bis zu den Managern – ihre eigenen Schuhvorstellungen. Wer dazu gehören will, passt sich an. Wer das nicht tut, kann Probleme bekommen. Aber das kennen wir ja bereits von anderen Beispielen her.

Auch als Symbol hat der Schuh nicht ausgedient. Bekanntestes Beispiel dafür ist der Auftritt Joschka Fischers 1985 bei der Vereidigung zum Umweltminister im Kabinett Börner. Er ignoriert bewusst die Konventionen und tritt demonstrativ in Turnschuhen an. Das Bild geht durch die Republik. Kurzum: Auch von den Schuhen kann man häufig die Gesinnung ablesen.

Die passenden Schuhe

Auch heute gibt es wie vor Jahrhunderten für viele gesellschaftliche Bereiche Regeln für die passenden Schuhe. So geht die Berliner Etikette-Trainerin Salka Schwarz in ihrem Buch „Fragen zur Etikette im 21. Jahrhundert" der anscheinend nicht einfachen Frage nach, ob die Damen Stiefeln und Sandalen im Büro tragen dürfen. Den Herren gibt sie den Tipp, dass für hochoffizielle Geschäftskleidung glattlederne, schwarze Schnürschuhe, schwarze Oxfords oder Budapester immer richtig sind.

Die Grundtypen des Schuhwerks

Je nach klimatischen und geografischen Bedingungen haben sich im Laufe der Zeit verschiedene Grundtypen des Schuhwerks herausgebildet.

Die Sandale

Da ist zunächst die Sandale, die ganz einfach nur die Fußsohle schützen soll. Für ihre Herstellung reicht ein einfaches Sohlenstück und ein Befestigungsmittel. In steinigen Gegenden muss auch der Fußrand geschützt werden. Entsprechend werden Opanke oder Mokassins hergestellt – so wie wir sie aus Geschichten über die amerikanischen Indianer kennen.

Der zweiteilige Schuh

Anders verhält es sich in den klimatisch gemäßigten Klimazonen. Hier entsteht der aufwändigere zweiteilige Schuh. Er besteht einerseits aus der Sohle und dem Oberteil sowie andererseits aus dem Schaft. Wird der Schaft bis zum Knöchel oder bis zur Wade hoch geführt, spricht man vom Stiefel. Er dominiert in den nördlichen Gebieten der Erde und wird häufig aus Pelz hergestellt.

Der Pantoffel

Außerdem gibt es den Pantoffel, der aus einer Sohle und einem geschlossenen Oberteil besteht. Er hat den Vorteil, dass man ihn schnell an- und ausziehen kann – so wie es zum Beispiel für das täglich mehrmalige Gebet des Muslim erforderlich ist.

Der Einfluss der Mode

Über die Jahrtausende gibt es dann zahlreiche Versuche, aus diesem funktionellen Schuh einen Gegenstand der Mode zu machen. Das geht manchmal so weit, dass die nützliche Seite seiner Bestimmung in den Hintergrund gerät, ja sogar völlig verborgen bleibt.

Zur unglaublichen Vielfalt gehören die langen Schnabelschuhe der Spätrenaissance und die gestickten seidenen Biedermeier-Schuhe. Es gibt Hochzeitsschuhe und Brokatschuhe. Selbst in der Knappheit der Kriegs- und Nachkriegsjahre prägt die Mode den Schuh.

Riesig ist auch die Vielfalt der Fußbekleidung in aller Welt. Da gibt es die indianischen Mokassins aus ungegerbtem, gekauten Kalbsleder und die mexikanischen Gauchostiefel. Es gibt die mit Perlmutt eingelegten Badeschuhen in orientalischen Harems und die winzigen Schuhe für die verkrüppelten Füße chinesischer Damen sowie die „Stelzenschuhe" japanischer Freudenmädchen. Für die Eskimos sind wasserdichte Seehundstiefel wichtig, und die Saharabewohner brauchen breitsohlige Sandalen. So, wie es für die Umwelt angebracht ist und so, wie es die Mode vorgibt.

Sammlung Richard Fenchels Schuhmuseum
im Schuhhaus Wessels, Neustraße 16, 48691 Vreden
www.wessels-schuhe.com/miniatur2

Dieser Abschnitt wurde 1993 in Abstimmung mit dem vor einigen Jahren verstorbenen Schuhmachermeister Richard Fenchel erstellt, der in jahrelanger Arbeit die beschriebene Vielfalt der Schuhe in aller Welt und zu allen Zeiten in Form originalgetreuer Miniaturschuhe im Maßstab 1:3 hergestellt hat. Die Sammlung befindet sich heute in der Schuhmanufaktur Wessels in Vreden (westliches Münsterland), in dem seit über 250 Jahren Schuhe hergestellt werden. Dort ist sie während der Öffnungszeiten der Öffentlichkeit zugänglich. Die Sammlung begeistert immer mehr Zuschauer und ist inzwischen Bestandteil des Vredener Museumsquartiers.

Weitere Museen
Große Sammlungen mit Schuhen als aller Welt und zu allen Zeiten befinden sich im **Schuhmuseum Pirmasens**, im **Schuhmuseum im Schloss Neu-Augustusburg (Weißenfels)** und im **DLM Deutsches Ledermuseum Offenbach**. Eine historische Schusterwerkstatt zeigt das **Heimat- und Schulmuseum Mömlingen**.

Literatur

Michael Andritzky, Günter Kämpf, Vilma Link: Zum Beispiel Schuhe: Eine Kulturgeschichte der Fußbekleidung. Wetzlar 1998.

Marie-Josephe Bossan: Die Kunst der Schuhe. Berlin 2004.
Kathryn Eismann: Schuhe lügen nicht: Was sie uns über Männer verraten. Hamburg 2003.

Colin McDowell: Schuhe – Schönheit. Mode. Phantasie. München 1989.

Josephine Barbe, Fran Kälin: Schuhwerk: Geschichte, Techniken, Projekte. Bern 2013.

Ein Hut ist eine Botschaft

Die schützende Funktion – Hüte machen Leute – Hauben in der Volkstracht
Der Homburg: So entsteht Mode

Auch Kopfbedeckungen sind weit mehr als nur Schutz gegen Regen, Kälte oder Sonne. Oder vor Hieben und Geschossen. Auch sie sind Botschaften an andere und setzen damit Zeichen und Signale. Beim Gang durch das Hutmuseum der Stadt Homburg vor der Höhe ist eine beeindruckende Vielzahl dieser Botschaften zu sehen. Bereits jener Hut, der den Namen der Stadt weltbekannt machte, ist Musterbeispiel für die modisch-tonangebende Variante. Man trägt ihn zu offiziellen und feierlichen Anlässen. Und da gehört er dazu, wenn man „dazu gehören" will. Außerdem ist ein klassisches Beispiel dafür, wie Trendsetter neue Moden prägen.

Die schützende Funktion

Von jeher gibt es Kopfbedeckungen, die vor den Einflüssen der Witterung schützen sollen. Klar, dass sie nach Jahreszeit und geografischer Lage unterschiedlich sind. Manchmal deutet schon die Wortgeschichte ihren Zweck an: Die Grundlage des Wortes Sombrero ist „sombras" – der Schatten. Die Beduinen schützen sich vor der Sonnenglut durch ein Tuch, das den Hinterkopf bedeckt.

Auch die vielfältigen Berufshüte haben derartig praktische Hintergründe. Da gibt es den Schlapphut der Zimmerleute. Er schützt sie auf ihrer klassischen Wanderschaft gegen die Unbilden der Witterung und bei der Arbeit im Freien gegen Regen und Sonne.

Oder die Mütze des Kochs: Sie hat zunächst einmal eine hygienische Funktion. Sie ist aber auch Botschaft über die hierarchische Differenzierung in der Küche. So hat sich der Küchenjunge mit der niedrigen Ausführung der Mütze zu begnügen. Das hat er so verinnerlicht, dass er gar nicht erst auf den Gedanken kommt, sich die hohe Mütze des Küchenchefs aufzusetzen.

Hüte machen Leute

Das ist der soziologische Aspekt der Kleidung: Um sich von anderen abzusetzen, wird der Hut funktional ausgestaltet. Im wahrsten Sinne des Wortes soll „der andere" mit Federbüschen oder höherem Helm überragt werden. Auch blinkende Metallbeschläge oder wehender Rossschweif sind beliebte Abgren-zungsutensilien. Dem Einfallsreichtum sind keine Grenzen gesetzt. Da nimmt sich die Differenzierung in der Küche noch recht bescheiden aus. Aus Sicht der Soziologie sind Kopf und Brust (denken wir an die Orden) hervorragende Bereiche, eine besondere Stellung herauszustellen. In Abwandlung zu Gottfried

Kellers „Kleider machen Leute" kann man insofern auch feststellen: „Hüte machen Leute".

Dem Hut kann auch enormer Symbolwert zukommen. So weist Roswitha Mattausch-Schirmbeck in der lesenswerten Museumsschrift „Gut behütet" darauf hin, dass die Römer Sklaven bei ihrer Freilassung im Tempel der Feronia mit einem Hut beschenkt haben. Und dass ein Hut Machtsymbol sein kann, weiß jeder, der Wilhelm Tells Weigerung kennt, dem Gesslerhut und damit der Fremdherrschaft die Ehre eines Grußes zu erweisen.

Es ist auch keine Frage, dass man mit dem Hut politische Einstellung zur Schau stellen kann. Populäres Beispiel hierfür sind die Jakobinermützen, die die französischen Revolutionäre tragen. In Deutschland trägt man während der Befreiungskriege gegen Napoleon und für die nationale Einigung Deutschlands das „altdeutsche Barett". Mit ihm will man symbolisch an die Zeit des „Heiligen Römischen Reiches Deutscher Nation" anknüpfen.

Auch Negativabgrenzung gibt es: Wir brauchen uns nur an die Narrenkappe als Schandhut zu erinnern oder an die Eselsmütze, die der faule und dumme Schüler einstmals aufgesetzt bekam.

Hauben in der Volkstracht
Da die Frauen keine differenzierte Abfolge von Ständen und Berufen zur Schau stellten, signalisierten sie mit ihren Kopfbedeckungen höchstens, ob sie „unter die Haube gekommen" oder aber „Kranzljungfern" sind. Allerdings ist auch hier kaum etwas zufällig oder beliebiger Schmuck. Roswitha Mattausch-Schirmbeck erläutert dazu: „Alles hat seine Bedeutung. Farben, Schmuckformen und Formen ergeben ein früher allgemein verständliches ‚visuelles Alphabet', das Auskunft gab über Alter, Familienstand, sozialen Rang, Religionszugehörigkeit usw.". Wir kennen das ja bereits aus dem Abschnitt „Tracht".

So lassen sich zum Beispiel aus hessischen Trachtenhauben Alter und Stand der Trägerin ablesen. Rote Käppchen sind der Jugend vorbehalten, so wie wir es von Rotkäppchen in Grimms Märchen kennen. Verheiratete Frauen tragen stattdessen ein für alle Mal schwarze Kappen. Der Kappenboden ist mit verschiedenen Farben bestickt. Der jungverheirateten Frau steht Grün zu, in das sich dann das Violett des zunehmenden Alters mischt. 50- bis 60-Jährige tragen schwarz-weiße Stickereien. Schließlich bleibt nur noch das Schwarz, das auch Jüngere in Trauer tragen.

Das Recht, über dem „Stülpchen" noch einen Schleier zu tragen, behalten sich in manchen Dörfern die wohlhabenden Bauernfamilien vor. In jedem Fall wird er nur an hohen Feiertagen getragen. Zum Abendmahl trägt man weiße Ziehhauben.

Der Homburg: So entsteht Mode

Wie Mode entsteht, lässt sich sehr schön am Beispiel des legendären Homburg zeigen. Laut Lexikon ist der Homburg ein steifer Herrenhut aus schwarzem oder grauen Filz mit hochgebogener, eingefasster Krempe, der nach Bad Homburg benannt wird.

Vater des Homburg ist ein häufiger Kurgast des Ortes: Der modebewusste britische Thronfolger Albert Edward Prince of Wale (später König Edward VII). Bei seinem Neffen, dem späteren Kaiser Wilhelm II, sieht er einen Hut, der ihn inspiriert. Kaiser Wilhelm II trägt diesen Hut in grün als Accessoire seiner Jagduniform. Der Prinz bewundert Eleganz und Leichtigkeit dieser Kopfbedeckung. Einen solchen Hut – allerdings in elegantem Grau – gibt er 1882 höchstpersönlich beim Homburger Hutmacher Möckel in Auftrag. Da der Prinz als tonangebend gilt, an dessen Vorbild sich die elegante Herrenwelt orientiert (also schon wieder ein Trendsetter), sind die Erfolgschancen der neuen Schöpfung von vornherein groß.

Für Möckel schlägt damit die große Stunde. Seine 1806 gegründete Hutfabrik war 1856 industrialisiert worden. Und so wird jetzt produziert. Kurzum: Der Homburg wird ein weltberühmter Verkaufsschlager, der die bisherigen Favoriten Zylinder und Bowler an den Rand drängt. Wir werden uns mit ähnlichen Erfolgsgeschichten aus dieser Zeit im dritten Kapitel über die Industrialisierung im Textil- und Bekleidungsgewerbe näher beschäftigen. Die Hutfabrik Möckel jedenfalls erhält den Titel „Hoflieferant Seiner Majestät des Königs von England". So entsteht Mode. Aber das haben wir ja bereits bei der Einführung der Krawatte durch den Sonnenkönig gesehen.

In den 1950er-Jahren wird der Homburg erneut zum Mode-Hit. Aber jetzt prägt kein Adliger den Trend, sondern ein Politiker: Bundeskanzler Konrad Adenauer trägt sein Leben lang einen schwarzen Homburg. Den hat er dann 1965 mit Foto und Autogrammkarte nach Bad Homburg geschickt. Er hat ist heute im Hutmuseum zu sehen.

Hutmuseum im Städtischen historischen Museum

Gotisches Haus, Tannenwaldweg 102, 61350 Bad Homburg vor der Höhe
www.bad-homburg.de/museum

Dieser Abschnitt wurde in Abstimmung mit dem Hutmuseum der Stadt Homburg verfasst. Deren Sammlung umfasst rund 3.500 Kopfbedeckungen aus verschiedenen Epochen und vielen Ländern dieser Erde. Rund 300 von ihnen können Ausstellung „Hut & Mode" besichtigt werden. Dabei wird – so wie in diesem Abschnitt - auch auf die gesellschaftliche Bedeutung und Funktion der Kopfbedeckungen eingegangen.

Deutsches Hutmuseum Lindenberg

Kultur in der Fabrik
88161 Lindenberg

Anfang des 20. Jahrhunderts war Lindenberg im Allgäu das Zentrum der deutschen Herrenstrohhutindustrie. Es wurde das „Klein-Paris" der Hutmode genannt. Die ersten Hutfabriken waren in der Biedermeierzeit um 1830 gegründet worden. 1890 gab es bereits 34 Strohhuthersteller. Sie stellten ca. 8 Millionen Strohhüte im Jahr her. Und dann folgt eine Entwicklung, wie wir sie in diesem Buch auch in anderen Bereichen immer wieder schildern: In den 20er-Jahren gerät die Strohhutindustrie in eine Absatzkrise. Die Betriebe versuchen sich dann in den nächsten Jahrzehnten der Nachfrage anzupassen. Sie produzieren mit Filz, Leder, Dralon und Pelz, und zwar lange Zeit erfolgreich. Dann aber kommt in den 60er- und 70er-Jahren für viele eingesessene Firmen das Aus: Man trägt nicht mehr Hut.

Das Hutmuseum Lindenberg wurde Ende 2013 nach über 30 Jahren geschlossen. Stattdessen wurde das neue Deutsche Hutmuseum auf dem Fabrikgelände der ehemaligen Hutfabrik Ottmar Reicheröffnet.

Das Hutmuseum dokumentiert die Geschichte der Herrenstrohhutindustrie in Lindenberg und zeigt an originalen Arbeitsplätzen die Arbeitsschritte bei der Hutherstellung sowie die vielfältige Hutmode der vergangenen Jahrhunderte.

Heute gibt es nur noch eine namhafte Hutfabrik in Lindenberg: die Firma Mayser GmbH & Co. KG. Sie konnte sich behaupten, weil sie sich innovativ dem Wandel der Zeit anpasste. So ist sie heute ein international tätiges Unternehmen, zu deren Kernkompetenzen nicht nur Kopfbedeckungen, sondern auch Schaumstofftechnik, Verformungstechnik sowie Sicherheitstechnik gehören. Wir werden in einem der nächsten Kapitel sehen, wie sich die Plauener Spitze in ähnlicher Weise behauptet.

Interessant ist die Entstehung der jahrhundertealten Huttradition in Lindenberg. Sie geht bis ins 16. Jahrhundert zurück. Damals lebt Lindenberg vom Pferdehandel mit Italien. Als einer der Pferdehändler – so die Überlieferung – wegen Krankheit in Italien überwintern muss, beobachtete er im Süden das Strohflechten und Hütemachen. Diese Kenntnis bringt er nach Lindenberg mit. Zunächst werden Hüte für den eigenen Gebrauch hergestellt. 1755 beginnt man dann, die Produktion und den Vertrieb von Hüten zu organisieren.

Literatur

Baseballkappen – Geschichte, Mode, Marketing. Eine Ausstellung des Museums im Gotischen Haus, Bad Homburg v.d.Höhe. Petersberg 2013.

Gexi Tostmann (Hrsg.), Thekla Weissengruber: Alte Hüte – Kopfbedeckungen von annodazumal: Kopftücher, Hauben und Hüte. Wien 2009.
N. J. Stevenson: Die Geschichte der Mode: Stile, Trends und Stars. Bern, Stuttgart, Wien 2011.

Christiane Pötter: Der Hut – Schutz oder Symbol. München 2003.

Manfred Röhrl: Hutmuseum der Stadt Lindenberg i. Allgäu. Lindenberg 2001.

Deutsche Hutmacher-Zeitung (Hrsg.) Der Filzhut. Seine Geschichte und seine Herstellung. Berlin 1936.

Wie man die Frau in ihre Rolle zwängt

Eingeschnürt und aufgeschnürt – Spiegelbild Mode – Es hat sich kaum etwas verändert
Vom Korsett zur Hemdhose: ein historischer Überblick
1890-1910: Ein kaum entrinnbarer Korsettzwang? – 1920-1940: Die befreite Frau
1947-1960: Sehnsucht nach der „guten alten Zeit"

Es ist schon erstaunlich, wie deutlich sich der Geist der Zeit aus dem herauslesen lässt, was die Frau so alles unter ihren Kleidern getragen hat. Da ist zum Beispiel das Wilhelminische Deutschland. Berufstätigkeit der bürgerlichen Frau ist in dieser Zeit verpönt. Geht sie dennoch arbeiten, hat das rein finanzielle Gründe. Für diese Frauen und erst recht für Frauen der Unterschicht aber wird Mode (noch) nicht gemacht! Die Mode richtet sich vielmehr auf das gesellschaftliche Ideal der Zeit aus: Weiblich soll die Frau sein, nichts mit dem harten Berufsalltag zu tun haben.

Eingeschnürt und aufgeschnürt

Ein Blick in die Requisitenkammer der Geschichte zeigt, dass die Mode die bürgerliche Frau in diesen Jahren im wahrsten Sinne des Wortes in diese Rolle zwängt. Ihr Instrument ist das klassische Korsett. Mit ihm wird ihr Körper rigoros eingeschnürt. In einer solchen Verpackung ist es dann wahrlich unmöglich, im harten Berufsalltag zu bestehen. Und genau damit entspricht die Mode dem Rollenbild der Zeit: Man tut sich etwas darauf zugute – so René König in seiner „Soziologie der Mode" – gerade nicht zu arbeiten. Und das will das Bürgertum demonstrativ zeigen. So wird die Hand vergöttert, die sich nie mit niederen Handreichungen beschmutzt hat. Beliebt sind dagegen feine Handarbeiten in der häuslichen Freizeit (wir werden ihnen in den Abschnitten über die Stickkultur und die Plauener Spitze wieder begegnen).

Aber die Zeiten ändern sich. Als die Arbeitskraft der Frau später in der Berufswelt gebraucht wird, wird ihr Korsett schnell wieder aufgeschnürt. Wer produktiv arbeiten soll, braucht zweckmäßige Kleidung. Selbst die Hüte, die sich von kleinen Gebilden zu wahren „Wagenrädern" entwickelt hatten, werden mit der zunehmenden Berufstätigkeit der Frauen kleiner. So wandelt sich die Mode nach den Ansprüchen der Gesellschaft und auch der Wirtschaft. Und so folgt eine Modeepisode der anderen.

Spiegelbild Mode

Wie kommt es zu unterschiedlichsten Episoden in der Mode? Die britische Modedesignerin Mary Quant (Twiggy machte den Mary-Quant-Look Ende der sechziger Jahre zum Markenzeichen einer ganzen Generation) hat auf diese Frage eine einfache Antwort gefunden: Die Mode spiegelt letztlich „immer nur das wider, was in der Luft liegt, was Leute lesen, denken oder hören". Nach diesem

Spiegelbild richten sich dann alle, die „dazugehören" wollen. „Weiber weiblich, Männer männlich" ist einer der Lieblingssätze des Vaters der märkischen Landjunkerstochter Effie Briest in Fontanes 1895 erschienenen Roman „Effi Briest". Ruth Leuwerik hat die Rolle der Effie 1955 in dem Film „Rosen im Herbst" eindrucksvoll gespielt. Mit diesem gängigen Standard sind in der Gründerzeit die Rollen zwischen Mann und Frau eindeutig verteilt.

Und nach diesem Rollenbild richten sich damals die Frauen. Sie lassen sich schnüren, einzwängen und pieksen von feisten Miedern und starren Korsagen. Selbst Atemnot und Ohnmacht nehmen sie in Kauf. Millionen Kinobesucher haben das alles im Film „Vom Winde verweht" miterlebt, in dem sich Scarlett O'Hara unter der Aufsicht ihrer „Mammi" für ein bevorstehendes Fest in ihr Korsett zwängt, bis ihr fast die Luft wegbleibt. Und das mit der Auflage, weder jetzt noch auf dem Fest etwas zu essen. Scarlett tut das alles freiwillig. Sie will ja dazu gehören. Und vor allem will sie die Männer beeindrucken.

Kurzum: Viele Frauen machen das alles mit, um den Männern zu gefallen. Sie tun es auch, weil sie diese Mode als schön empfinden – weil ihnen diese Mode Spaß macht. Trends prägen damals wie heute durchaus persönliche Einstellungen. Und damals gilt: Wer schön sein will, muss eben leiden. Letztlich aber unterwerfen sich die Frauen dem Zwang der Mode (und damit dem Zeitgeist), weil sie „dazugehören" wollen. Wie sonst sollten sie zum Ball oder ins Theater gehen oder Gäste empfangen? Könnten wir uns Scarlett O'Hara in anderer Kleidung auf dem Ball vorstellen?

Es hat sich kaum etwas verändert
Die Soziologen sind der Ansicht, dass sich an diesem Grundprinzip bis heute kaum etwas geändert hat. Geändert haben sich die Rahmenbedingungen. Der Anpassungszwang fällt heute nicht mehr so ins Auge, weil alles komplexer geworden ist. Stand es früher mehr oder weniger eindeutig fest, nach wem man sich modisch zu richten hat (wir hatten die Bedeutung von Trendsettern an den Beispielen der Krawatte und des Homburg gesehen), so gibt es heute - so René König - verschiedene, schnell wechselnde Moderichtungen. Mode ist nicht mehr exklusiv. Das Bürgertum gibt längst nicht mehr den Ton an.

So täuscht denn auch der Schein, wenn Jugendliche scheinbar selbstbewusst behaupten: „Ich trage nur, was mir gefällt!" Wer dazu gehören will, muss sich anpassen. Und gerade Jugendliche wollen „dazu gehören" – es fragt sich nur zu welcher Gruppe. Sicherlich nicht zu der der Eltern. Selbst die scheinbar so freien Hippies durften auf keinen Fall gegen die Kleiderordnung ihrer Gruppe verstoßen. Ihre Uniform bestand aus gebatikten Hemden, blauen Brillen und natürlich der Blume im Haar.

Damit kein Missverständnis aufkommt: Natürlich haben sich auch die Männer immer und stets dem Diktat der Mode unterworfen. Schließlich wollten auch und gerade sie dem anderen Geschlecht gefallen, Karriere machen oder ihren sozialen Rang demonstrieren. Bei ihrer meist tristen Kleidung in den letzten Jahrzehnten ist das nur nicht so aufgefallen. Dabei gab es Zeiten, in denen die Männer mit bunter Kleidung und prunkvollen Schuhen regelrecht aufdringliches Imponiergehabe zeigten. Auch zum formenden oder den Bauch kaschierenden Korsett haben sie gegriffen! Wie sonst wäre schließlich die zierliche Taille des feschen Leutnants oder des modischen Herrn im Biedermeier zu erklären!

Es gibt also keinen Grund, mitleidig über die Frauen zu lächeln, die sich im 19. Jahrhundert freiwillig einschnüren ließen. Wer hätte unter derartigem Rollendruck an ihrer Stelle nicht genauso gehandelt?! Schließlich kann man von niemandem verlangen, in Vorstellungen und Geschmack der Zeit voraus zu sein. Dazu ist man viel zu sehr in der Gegenwart verhaftet.

Vom Korsett zur Hemdhose – ein historischer Überblick

1890 – 1910: Ein kaum entrinnbarer Korsettzwang?
Das Stichwort heißt Korsett. Mit ihm presst man die Frau im wahrsten Sinne des Wortes in ihre gesellschaftlich fest geprägte Rolle. Trotzdem: Auch diese Welt ist nicht statisch. Da gibt es einmal die bürgerliche Frauenbewegung, die diesen Rollenzwang nicht hinnehmen will. Sie rebelliert gegen die Fremdbestimmung der Frau und ihre Reduzierung auf ein gestaltbares Repräsentationsobjekt. So nicht!

Weiterhin treten jetzt Mediziner auf, die vor Krankheiten und Gefahren des zu starken Schnürens warnen. Die Zeit ist ohnehin reif für eine Hygienisierung von Leib und Leben. Vernünftige, praktische und gesunde Kleidung wird zunehmend propagiert. Wir werden im abschließenden Kapitel „Marketing" sehen, wie dies ein dynamischer Unternehmer aufgreift und mit einer genialen Werbestrategie eine Kleidermarke aufbaut, die über Generationen so bekannt ist wie Coca Cola, Mercedes oder Persil.

Aber zurück zur Jahrhundertwende: Das Stichwort der Zeit heißt „Reformkleidung". Künstler entwerfen „tragbare" Kleider. Auf Frauenkongressen wird über sie referiert. Interessant ist, dass selbst diese Reformer nicht auf das Korsett verzichten wollen. Sie wollen die Frau nur „sorgsamer" einschnüren.

Und dann gibt es den enormen wirtschaftlichen Aufschwung in Deutschland, der trotz aller gesellschaftlichen Beharrungsbemühungen immer mehr Frauen in den

Sog der Berufswelt reißt. Anfang des 20. Jahrhunderts ist die Zeit schließlich reif für das Aufbrechen der überkommenen Traditionen und damit für einen radikalen Modewechsel. Die Wirtschaft setzt sich wieder einmal gegen alle Konventionen durch. Und sie wird das auch in den folgenden Jahrzehnten bis in die Gegenwart tun.

1920 – 1940: Die befreite Frau

Szenenwechsel: Wir befinden uns in den 20er-Jahren. Der radikale Modewechsel ist vollzogen. Wir begegnen einer sichtbar veränderten Frau. Sie hat in den harten Kriegsjahren, in denen die Männer an der Front waren, die Produktion in der Heimat in harter Arbeit in Gang gehalten. Dafür musste sie ihr Korsett aufschnüren und ihre stoffreiche Unterkleidung ablegen. Und auch die bürgerliche Gesellschaft musste das hinnehmen.

Jetzt, in den 20er-Jahren weiß die so selbstbewusst gewordene Frau ihre neue körperliche Freiheit zu schätzen. Jetzt genießt sie die legere, elegant sportliche Linie, die die Mode einer immer größer werdenden Zahl von Frauen als Reaktion auf den gesellschaftlichen Wandel anbietet. Das röhrenförmige, taillenlose Kleid und die den Körper lose umspielende, fein gearbeitete Hemdhose sind prägnante Dokumente einer neuen Sinnlichkeit. Die alte Schnürkleidung wird beiseite gelegt. Weit weg!

Aber offensichtlich doch nicht weit genug weg; denn als Ende der 20er-Jahre wieder „die weibliche Idealfigur" gefragt ist, holt man sie wieder hervor. Entstaubt und in Form eines neuen Mieders soll sie den Körper der Frau nach dem Geschmack der Zeit formen. In den 30er-Jahren wird das noch wesentlich deutlicher.

Durch Verwendung neuer Materialien ist es jetzt wenigstens möglich, elastische Miederwaren für einen hautengen Sitz herzustellen. Damit wird die Frau zumindest angenehmer verpackt.

1947 – 1960: Sehnsucht nach der „guten alten Zeit"

Nochmals Szenenwechsel: Wir befinden uns im Nachkriegsdeutschland West. Der mörderische Krieg und der totale Zusammenbruch beherrschen das Denken und Fühlen der Menschen. Das ist verständlich. Was liegt da näher, als dass sich die Menschen nach stabilen Verhältnissen und Geborgenheit sehnen?! Und das meinen sie in der bürgerlichen Idylle jener scheinbar „guten alten Zeit" zu finden. Wir haben das bereits im Abschnitt über die Krawattenmode gesehen.

Auch wer die Nachkriegszeit nicht miterlebt hat, wird ahnen, was jetzt kommen muss: Weiblichkeit wird wieder groß geschrieben. Der Mann sehnt sich nach einer Frau, die ihm am häuslichen Herd Wärme, Geborgenheit und Verlässlichkeit verspricht. Natürlich hilft die Mode wieder fleißig mit.

Die entsprechenden Attribute der 50er-Jahre sind komplizierte Hüfthalter sowie Halb- und Vollmieder. Kurzum: die Miederindustrie boomt. Sage da noch jemand, dass die Zeit nicht die Mode prägt und die Mode nicht die Zeit!

Aber auch das ist schon wieder Geschichte. Mieder sind schon lange nicht mehr gefragt. Und damit gingen viele Arbeitsplätze verloren. Aber das ist eine andere Geschichte, der wir im Kapitel über die wirtschaftliche Seite der Mode nachgehen.

Schlossmuseum Jever
Schlossplatz, 26435 Jever
www.schlossmuseum.de

Dieser Abschnitt wurde in Abstimmung mit dem Schlossmuseum Jever verfasst, das 1994 die Sonderausstellung „Korsetts und Nylonstrümpfe zeigte. Das Gros der Ausstellungsexponate stammte aus der Sammlung Detlef Lehmann, Esens.

Das Schlossmuseum Jever bietet sowohl in seinen historischen Räumlichkeiten mit ihren überlieferten Interieurs als auch in seinen regelmäßigen Sonderausstellungen Einblicke in die Kulturgeschichte Frieslands. Die umfangreiche textile Sammlung des Museums erlaubt dabei faszinierende Einsichten in das kleinstädtisch-ländliche Kleidungsverhalten vom Rokoko bis zum ausgehenden 19. Jahrhundert.

Miedermuseum Heubach
Schlossstraße 9, 73540 Heubach
www.heubach.de

Im Obergeschoss des Heubacher Schlosses befindet sich das einzige Miedermuseum Deutschlands. In ihm wird „offen" gezeigt, was die Frauen seit dem 19. Jahrhundert so alles unter ihren Kleidern getragen haben – so wie wir es in diesem Abschnitt beschrieben haben. Der Standort Heubach ist kein Zufall, weil hier lange Zeit die bekannten Miederhersteller „SUSA-WERKE GmbH" und „TRIUMPH INTERNATIONAL" produziert haben. Beide Unternehmen haben denn auch mit dem 1971 entstandenen Museum zusammengearbeitet.

Literatur

Uwe Meiners (Hrsg.): Korsetts und Nylonstrümpfe. Frauenunterwäsche als Spiegel von Mode und Gesellschaft zwischen 1890 und 1960. Kataloge und Schriften des Schlossmuseums Jever, H. 10. Oldenburg 1994.

Josephine Barbe: Figur in Form: Geschichte des Korsetts. Bern 2012.

Cordula Bachmann: Kleidung und Geschlecht. Bielefeld 2008.

Curt Braun, Doris Binger, Annette Gilles: Vom Mieder zum Dessours – eine Kultur- und Produktgeschichte der Miederwaren in Deutschland. Frankfurt 2007.

Rebekka Habermas: Frauen und Männer des Bürgertums. 2. Auflage. Göttingen 2002.
André Holenstein: Zweite Haut: Zur Kulturgeschichte der Kleidung. Bern 2010.

Rene König: Kleider und Leute. Zur Soziologie der Mode. Frankfurt/Main 1967.

Ingrid Loschek: Wann ist Mode? Strukturen, Strategien und Innovationen. Berlin 2007.

2. Kapitel

Jenseits der Wegwerfgesellschaft

Es war alles ganz anders

Textilien und Bekleidung für ein ganzes Leben – Erinnerungen an frühere Mädchenerziehung
Kunst für das Volk – Als die Wäsche noch nicht jeden Tag gewechselt wurde
Flicken und Wiederverwendung der Kleidung – Als der Sonntagsanzug noch vom Schneider kam
In der dörflichen Schneiderwerkstatt

Neben der Ernährung haben Textilien und Bekleidung im Alltag der Menschen immer eine große Rolle gespielt. Erst als sie durch die Industrialisierung in größeren Mengen verfügbar wurden, nahm ihre Bedeutung ab. Heute hat man reichlich, was man braucht – und sei es Billigstware aus Fernost.

Das war im 19. Jahrhundert noch völlig anders: So wurde wegen ihrer großen Bedeutung eine solide Ausstattung mit Textilien und Bekleidung als wichtige Voraussetzung für die Eheschließung angesehen. Die Braut hatte sie als Aussteuer in die Ehe einzubringen - ausreichend für ein ganzes Leben --- bis hin zu ihrem „letzten Hemd". Wir zeigen im nächsten Abschnitt, welche Vorstellungen die Gesellschaft damals über die Zusammensetzung der Aussteuer hatte und wie sie die Einhaltung dieser Vorgaben kontrollierte und sanktionierte.

Wir zeigen weiter, dass auch der Umgang mit Textilien völlig anders als heute war. Waren sie beschädigt oder für ihren Zweck nicht mehr geeignet, wurden sie nicht etwa weggeworfen. Sie wurden vielmehr erst einmal repariert und noch einmal repariert. Und wenn auch das nicht mehr möglich war, wurden sie umgewidmet. Kurzum: Wir befinden uns noch jenseits der heutigen Wegwerfgesellschaft.

Da sah manches anders aus. Weil der Wäschebestand bescheiden und das Wäschewaschen eine mühevolle und schwere Arbeit war, war es noch bis in die 50er-Jahre des 19. Jahrhunderts nicht üblich und auch nicht möglich, die Wäsche täglich zu wechseln. Die gute Sonntagskleidung wurde gar nicht gewaschen. Um sie zu schonen, wurde sie nach dem Kirchgang sofort wieder ausgezogen und gelüftet. Wir haben dies bei Kunigunde Engelhard gesehen, die nach dem Kirchgang stets sofort in ihr „Nach-der-Kirche-Kleid" wechselte.

Findige Unternehmer verändern den Alltag

Findige Unternehmer entwickelten im Laufe des 20. Jahrhunderts Produkte zur Entlastung der Hausfrau. Wir schildern in einem der nächsten Abschnitte, wie sie den Waschtag radikal veränderten - – auf dem Weg vom Holzbottich bis hin zur vollautomatischen Waschmaschine. Und „Meister Propper" half dabei. Auch Kühlschrank, Staubsauger und Spülmaschine hielten Einzug in die Haushalte.

Typisch für diese Entwicklung ist, wie der Bekleidungshersteller Wilhelm Bleyle klassische Hausarbeiten wie das Flicken vereinfachte oder ganz aus dem Haushalt herauszog. Wir beschäftigen uns damit näher im vierten Kapitel unter dem Aspekt des Marketing. Dabei werden wir sehen, dass es für den Hersteller erst einmal wichtig ist, die Welt seiner Zielgruppen zu kennen, um dann daraus ausgerichtet bedürfnisgerechte Produkte zu entwickeln und diese dann zu bewerben. Natürlich bot er so auch günstige Aussteuerprodukte an – jedenfalls solange die Aussteuer noch „in" war.

Die Aussteuer:
Textilien und Bekleidung für ein ganzes Leben

Ausstattung für ein ganzes Leben – Solidarität und Eigenverantwortung
„Eigengemacht" soll vieles sein – Soziale Kontrolle - Sozialer Wandel – Das Kapital der jungen Leute

Wie sich die Zeiten ändern: Wer beim Besuch des Schleswig-Holsteinischen Freilichtmuseum Molfsee unsere Zeit mit ihrem ständigen Wandel, ihrer immer stärker werdenden Hektik und ihrer bedrohlich zunehmenden Unsicherheit hinter sich lässt und in die bäuerliche Welt des 19. Jahrhunderts eintritt, wird schnell feststellen, dass die industrielle Revolution nicht nur unsere materiellen Lebensbedingungen grundlegend verändert hat, sondern auch die sozialen Verhältnisse revolutionierte.

In jener Welt gibt es kaum Veränderungen – kaum Ereignisse, die den Menschen in seinem Dasein unmittelbar berühren. Der Weg durchs Leben ist vorgezeichnet.

Von der Wiege bis zur Bahre. Der einzelne weiß, was auf ihn zukommt. Darauf ist ziemlich Verlass. Allerdings ist er dadurch auch eingeengt. Wehe, wenn er es wagt, vom vorgezeichneten Weg abzuweichen. Wehe, wenn er nicht in das Schema dieser Welt passt!

Ausstattung für ein ganzes Leben

Wie weitgehend die Welt des einzelnen vorgezeichnet und geregelt ist, können wir deutlich an der Bedeutung der Aussteuer erkennen; denn für die damalige Gesellschaft ist es nicht nur selbstverständlich, dass eine Braut eine Aussteuer mit in die Ehe einzubringen hat. Sie hat auch klare Vorstellungen davon, was alles zur Aussteuer gehört, welche Textilien in den Wäscheschrank der jungen Eheleute liegen müssen und wie sie zu pflegen sind. Solche Vorgaben empfinden die Menschen damals keineswegs als aufgezwungen oder belastend. Sie haben sie in ihrem Sozialisationsprozess verinnerlicht. Ja, sie haben sie sogar so sehr verinnerlicht, dass sie sie als ihre höchst persönlichen Vorstellungen empfinden. „Das macht man so!" Wer nicht „mitmacht", hat es schwer in dieser Welt.

Damals wird ein solider Vorrat an Kleidung und Textilien als materielle Grundlage jeder Ehe angesehen. Mit ihm ist für einen wichtigen Teil der elementaren Bedürfnisse im Leben der Eheleute gesorgt. Das verleiht der Ehe Stabilität. Das macht sie unabhängig. Darauf besteht die Gemeinschaft. Sie fühlt sich dazu legitimiert, weil sie letztlich für die Menschen aufzukommen hat, die in Not geraten.

Nach wie vor aktuell: Solidarität und Eigenverantwortung

Eine solche Vorsorge, verbunden mit mehr oder minder großem gesellschaftlichen Zwang, zieht sich in den verschiedensten Formen durch die Menschheitsgeschichte. Die sozialen Gemeinschaften in ihren unterschiedlichsten Formen bis hin zur Fürsorge des Patriarchen haben sich einerseits zwar für das Wohl ihrer Mitglieder verantwortlich gefühlt, verlangten andererseits von ihnen aber auch, dass sie selbst alles tun, um nicht in Not zu geraten. Daran hat sich im Grunde nicht viel geändert. Auch heute noch sind im System der sozialen Sicherung „Solidarprinzip" und „Eigenverantwortung" eng miteinander verknüpft. Das gilt zum Beispiel für die gesetzliche Krankenversicherung, in der die meisten Menschen in Deutschland pflichtversichert sind. Bereits in der Überschrift des § 1 des für sie geltenden Sozialgesetzbuches Band V werden Solidarität und Eigenverantwortung programmatisch miteinander verbunden und der Leistungspflicht der Krankenkassen die Forderung gegenüber gestellt, sich gesundheitsgerecht zu verhalten. Ähnliche Verknüpfungen gibt es in der Arbeitslosen-versicherung.

Was heute in Paragraphen formal vorgeschrieben ist, wurde früher mit Rollenbildern durchgesetzt. Und danach war es Aufgabe der Braut bzw. ihrer Familie, für die elementare Absicherung ihrer Ehe mit einer ausreichenden Aussteuer zu sorgen. Eine Braut ohne solide Brautausstattung passte nicht in die Zeit. Der Bräutigam hatte dafür seine beruflichen Kenntnisse und Fähigkeiten in die Ehe einzubringen. Auch das gehörte zum Rollenbild. Heute haben beide als Pflichtversicherte Beiträge zur Sozialversicherung zu zahlen und sich gesundheitsgerecht zu verhalten.

Dieses Rollenbild hat damals jeder derart verinnerlicht, dass es kaum Verwirklichungsprobleme gibt. Wer wollte an die Aufgabe der Braut infrage stellen, eine angemessene Aussteuer in die Ehe einzubringen?! Diese Vorstellung ist dermaßen verinnerlicht, dass sie sich noch über Generationen bis weit ins 20.Jahrhundert hinein hält – bis in eine Zeit also, in der die Ausstattung mit Textilien ihre ursprüngliche elementare Bedeutung längst verloren hatte.

„Eigengemacht" soll vieles sein
Textilien für ein ganzes Leben: Das sind zur Hälfte Kleider und Stoffe. Zur anderen Hälfte ist es Bettzeug. Selbst die Sterbekleidung, zu der oft auch ein Totenlaken gehört, ist vielerorts Bestandteil der Aussteuer. So hat die junge Frau ihr selbst genähtes, oft aufwendig gearbeitetes letztes Hemd mit in die Ehe zu bringen.

Da die Aussteuer aus einer ganzen Menge Textilien besteht, müssen die jungen Mädchen schon früh an ihre Aussteuer denken. Mit 13, spätestens 14 Jahren ist es für sie soweit. Schließlich soll vieles „eigengemacht" sein. Bis zur Heirat muss die Aussteuer dann vollständig sein. So wird unter der Anleitung der Mutter Tisch- und Bettwäsche angefertigt und mit Initialen gekennzeichnet. Bettlaken und Strumpfpaare werden mit gestickten Ziffern fortlaufend nummeriert. Die Kennzeichnung soll eine Verwechslung der Wäsche beim Bleichen auf den gemeinsam genutzten Bleichwiesen verhindern.

Das alles ist an sich nichts Neues für die Mädchen. Schließlich werden sie im Haushalt schon von früh an auf die vielfältigen Techniken vorbereitet, die sie später als Hausfrau beherrschen müssen. Wir schildern dies näher im nächsten Abschnitt über die „Stickkultur".

Soziale Kontrolle
Zurück zur Aussteuer: Natürlich gibt es soziale Kontrolle, die verhindern soll, dass sich die Braut ihrer Vorsorgepflicht mit einer dürftigen Aussteuer entzieht. Deshalb ist die Aussteuer öffentlich zu zeigen. So ist es vielerorts üblich, dass ein mit Heiratsgut beladene Kammerwagen durch das Dorf fährt, bevor die junge Braut in das Haus des Bräutigams einzieht.

Die so zur Schau gestellte Aussteuer wird auch als sichtbarer Beweis für Fleiß und Reichtum der Braut angesehen. Wehe, wenn ihre Aussteuer nicht dem gesellschaftlich verinnerlichten Wertmaßstab entspricht! Die Sanktionen beginnen mit bissigem Spott und Verachtung. Und das wirkt in ihrer engen sozialen Welt stärker als heute.

Das alles ist so selbstverständlich, dass es mit bestimmten Begriffen in die Sprache eingeht. So wusste man in Schleswig-Holstein, dass mit „Utschuuf" oder „Utschup" das „Hinausschieben" des Brautgutes am Tage der Hochzeit gemeint war – jenem „Bruutbettabend", an dem die Aussteuer in das Haus des Bräutigams gebracht und das Brautbett aufgemacht wird. In manchen Orten kann dies grundsätzlich nur an einem Donnerstag geschehen.

Sozialer Wandel

Völlig statisch allerdings ist auch diese Gesellschaft nicht. Als ab Mitte des 19. Jahrhunderts industriell gefertigte Aussteuerwäsche zu günstigen Preisen zunehmend in Konfektions- und Warenhäusern angeboten wird, passt sich die Gesellschaft an: Wäsche muss nun nicht mehr „eigengemacht" sein. Man akzeptiert auch Konfektionsware, die die jungen Mädchen dann nur noch mit ihren Monogrammen besticken müssen. Auch die Rolle der Mutter ändert sich: Die Anleitungen für die Herstellung der Aussteuer werden Ende des 19. Jahrhunderts mehr und mehr von Arbeitsschulen vermittelt.

Wie wir im nächsten Kapitel über die Herstellung von Textilien und Bekleidung an verschiedenen Beispielen zeigen, ist der dynamische Unternehmer des 19. und 20. Jahrhunderts stetig auf der Suche nach Märkten, auf denen er mit seinen Produkten die Bedürfnisse der Menschen befriedigen kann. Und dies ist damals für ihn ein interessanter Markt.

Das Kapital der jungen Leute

Insgesamt stellt die Aussteuer das Kapital der jungen Ehe dar, das ihre Zukunft absichern soll. Damit gibt sie den jungen Leuten Sicherheit und vermittelt ihnen das Gefühl, dass die nächste Phase ihres vorgezeichneten Lebens planmäßig anläuft.

Der Umfang der Aussteuer und damit auch die Lebensperspektive hängt erheblich von den Vermögensverhältnissen der Eltern ab. So ist es nicht unüblich, dass die Töchter wohlhabender Bauern eine Aussteuer in die Ehe einbringen, die einem Drittel der Jahreseinnahme des Hofes entspricht. Ein Tagelöhner hätte dafür 2000 bis 3 000 Tage arbeiten müssen.

Klar, dass unter diesen Umständen die Aussteuer eines Mädchens aus einem ärmeren Haus wesentlich bescheidener ausfällt. Für sie gibt es die Möglichkeit, sich in den Städten durch eine Stiftung, die speziell für die Aussteuer armer Bräute eingerichtet ist, das notwendige Brautgut zu beschaffen. Auch derartige Unterstützung gehört zum damaligen gesellschaftlichen Sicherungssystem.

Natürlich akzeptiert die Gesellschaft, dass die Aussteuer unter diesen Umständen unterschiedlich ausfällt. Sie muss den Verhältnissen im Elternhaus angemessen sein. Darauf kommt es an.

Schwer tut sich die Gesellschaft dagegen, wenn es einem Mädchen nicht gelingt, das zusammenzubekommen, was als notwendig für eine Ehe gilt und deshalb versucht, durch Brautschatzsammeln doch noch eine Aussteuer zu bekommen. Dieses Brautschatzsammeln ist besonders auf der ärmeren Geest verbreitet. Teils wird es von der Obrigkeit als „alte Volkssitte" geduldet, teils als Bettelei angesehen und verboten. An sich akzeptiert es die Gesellschaft nicht.

Schleswig-Holsteinisches Freilichtmuseum e. V.
Hamburger Landstraße, 24113 Molfsee/Kiel   www.freilichtmuseum-sh.de

Dieser Abschnitt wurde in Abstimmung mit dem Schleswig-Holsteinischen Freilichtmuseum anlässlich der Sonderausstellung „Schapptüg – Textilien im Haus" erstellt, die heute nicht mehr aufgebaut ist. Jetzt sind die Textilien wieder verteilt in den Häusern des Museums zu finden – jeweils dort, wo sie hingehören: Wäsche im Schrank und Schürzen in der Küche.

Das Schleswig-Holsteinische Freilichtmuseum in Molfsee bei Kiel ist das größte Freilichtmuseum Norddeutschlands. Es zeigt die Kulturgeschichte und Volkskunde des ländlichen Raums in ganzheitlichen Komplexen. Zu diesem Zweck wurden Bauernhäuser, Katen, Scheunen und Speicher sowie Stätten des dörflichen Handwerks aus allen Landschaften Schleswig-Holsteins in das Museum überführt. Handwerker (Korbmacher, Schmied, Drechsler, Töpfer, Weberinnen, Holzbildhauer) demonstrieren ihre Tätigkeiten in verschiedenen Gebäuden und verkaufen teilweise ihre Produkte.

Literatur

Schleswig-Holsteinisches Freilichtmuseum (Hrsg.): Schapptüg – Textilien im Haus. Neumünster 1990 (Berichte aus dem Schleswig-Holsteinischen Freilichtmuseum, Heft 27).

Schleswig-Holsteinisches Freilichtmuseum (Hrsg.): Wäsche und Wäschepflege früher. Molfsee, 1992.

Das Sticken:
Erinnerungen an frühere Mädchenerziehung und Frauenkultur

Aussteuer mit persönlich gestalteten Stickereien – Die Rolle der Frau gestern – Über Generationen weitervererbt - Auswahl der Motive – Vier Jahrhunderte Alltagskultur von Mädchen und Frauen

1989 erbt Familie Bergemann aus Thedinghausen einen Biedermeiersekretär von einer Tante aus Bremen, die im hohen Alter verstorben war. Als man die Schubladen aufzieht, kommen alte Dokumente und Handarbeiten zum Vorschein. Die verstorbene Tante hatte diese Dokumente während der 30er-Jahre für ihr Lehrerinnenstudium als Familiennachweis gesammelt.

In der Stammtafel findet sich der Name jener jungen Frau, die um 1820 die kunstvollen Stickereien angefertigt hatte, die nun schon lange Zeit unangetastet in den Schubladen lagen und heute in einer Vitrine des Deutschen Stickmuster-Museums in Celle zu sehen sind: „Johanne Caroline Elisabeth, geb. Benek, geboren 1806" Das Monogramm auf dem kleinen quadratischen Mustertuch für Hemdenschlitze mit den selbstbezogenen und unterschiedlich bestickten Knöpfchen lautet „J C B" für „Jungfer Caroline Benek".

Aussteuer mit persönlich gestalteten Stickereien
Besonders fällt in dem Sekretär ein feines Stickmustertuch aus dem Jahre 1792 auf. Wahrscheinlich stammt es von Carolines Mutter. Es ist also ein Mustertuch aus einer Zeit, in der es für ein junges Mädchen selbstverständlich ist, bis zur Hochzeit eine angemessene Aussteuer zusammen zu bekommen – so wie wir es im vorigen Abschnitt beschrieben haben. Auf ihre Aussteuer will das junge Mädchen stolz sein. Und darum will es den Textilien mit von ihr persönlich gestalteten Stickereien ihren individuellen Stil verleihen. Immerhin sollen diese Textilien die Eheleute ein ganzes Leben lang begleiten. Vielleicht ist damit auch die Hoffnung verbunden, in der durch relativ starre Rollenzwänge geprägten Ehezeit etwas aus der freieren, ungezwungeneren Mädchenzeit zu erhalten.

Wir haben es hier mit einem Bedürfnis zu tun, das uns auch heute nicht fremd ist. Denken wir nur daran, wie gerade heute Individualität durch Kleidung, Wohnungseinrichtung und Konsum demonstriert werden soll – auch wenn vieles davon Massengut ist. Im Grunde gibt es nur äußerlich einen Wandel. Doch zurück ins 19. Jahrhundert.

Die Rolle der Frau gestern

Damals werden die Mädchen schon früh auf ihre spätere Rolle als Frau vorbereitet. Da im Sekretär gefundene 1798 in Bremen erschienene kleine Büchlein „Die Kunst, ein gutes Mädchen, eine gute Gattin, Mutter und Hausfrau zu werden" erinnert deutlich daran.

Kein Wunder also, dass sich die Mädchen schon früh Gedanken über ihre Aussteuer und damit auch über ihre persönlichen Stickereien auf dieser Aussteuer machen. Damit ihre Entwürfe nicht verloren gehen, halten sie sie fest. Deshalb bürgert es sich ein, dass Mädchen im Alter von fünf bis 15 Jahren mit Nadel und Faden Muster und Technik, die sie sich merken wollen, auf einem Leinengewerbe (manchmal auch Seide oder Baumwolle) – eben dem Stickmustertuch - festhalten. Insofern ist das Stickmustertuch ein Merktuch. Für die Frauen aus einfachen Bevölkerungsschichten ist das Erlernen textiler Techniken ohnehin wichtig für ihr Arbeitsleben. Für die Frauen im Bürgertum wiederum gehören feine Handarbeiten zur beliebten Freizeitbeschäftigung. Schließlich gehört die Berufswelt – wir haben es eingangs gesehen - nicht zu ihrem Rollenbild.

Über Generationen weitervererbt

Die Mädchen finden die Anregungen für ihre Muster zunächst einmal in den bereits in ihren Familien vorhandenen Stickmustertüchern, die von Generation zu Generation weitervererbt werden. So ist es über Generationen auch mit dem Stickmustertuch von Carolines Mutter geschehen. Damals übernehmen die Mädchen aber nicht einfach schematisch die Motive ihrer Mütter. Sie versuchen – wie Generationen vor ihnen und nach ihnen – ihre eigenen Vorstellungen und ihre eigene Kreativität in die Stickerei einzubringen. So haben sie denn häufig Motive, Gestaltung oder Farben verändert.

Anregungen hierzu gibt es in Modelbüchern (das erste erschien bereits 1523 in Augsburg), Fibeln, Bibeln und Geweben. Die aber konnten sich viele Familien nicht leisten. Deshalb sind für sie die überkommenen Mustertücher besonders wertvoll.

Auswahl der Motive

Da man damals überall in Europa die Symbolik der Bildersprache beherrscht, werden die Motive auch nach persönlichen Gefühlen, Erfahrungen und Wünschen ausgewählt. Stickmotive haben damals eine bestimmte, meistens symbolische Bedeutung. So gilt der Pfau als Symbol der Auferstehung und das Lamm als Sinnbild für den Opfertod Christi. Blumen und Pflanzen gelten als Lebensbäume, Vögel als Seelenvögel. Und die Stammeltern Adam und Eva im Paradiesgarten erzählen die Geschichte von der Vertreibung aus dem Paradies und mahnen so an die Endlichkeit des Irdischen. Diese Symbolik werden wir auch bei den Blaufärbern im nächsten Abschnitt wiederfinden.

Heute bewundern wir die schöpferische Kraft dieser Mädchen und Frauen, ihr ästhetisches Wollen, ihre Sicherheit in der Farbwahl, Farbgestaltung und die Reduzierung bildlicher Motive auf elementare Figurationen des Irdischen.

Das Stickmustertuch begleitet die Frau ein Leben lang. Es ist eben nicht nur schlichte Mustervorlage, sondern auch Ausdruck ihrer Identität. Da es stets sorgfältig in einen Nähbehälter oder in einem Sekretär weggelegt und als wertvolles Familienstück weitervererbt wird, haben sich die lichtempfindlichen, naturgefärbten Seidengarbe, die man zum Sticken verwandte, häufig bis in die heutige Zeit erhalten.

Das ABC-Tuch

Im ausgehenden 19. Jahrhundert endet die über 300-jährige Tradition der klassischen Stickmustertücher. Preisgünstige Stickvorlagenhefte und –bücher machen das Merktuch überflüssig. Es entsteht ein ganzer Industriezweig, der sich mit der Entwicklung und Produktion von Stickmustervorlagen beschäftigt. Zudem kommt es in Preußen 1872 zu einer Vereinheitlichung des Handarbeitsunterrichts an den Schulen. Jetzt werden auf gesäumtem Stramin mit türkischrotem Garn nur noch Alphabete gestickt. Ziel ist die Vermittlung der Arbeitstechnik und auch die Disziplinierung der Mädchen. Individuelle Muster stellen keinen Wert an sich mehr dar. Nützliche Techniken wie Stopfen, Knopflochnähen und Monogrammsticken werden als wichtiger angesehen.

Deutsches Stickmuster-Museum Celle

Prinzengarten 22, 29223 Celle
www.celle.de (Kultur&Freizeit, Deutsches Stickmuster-Museum)

Dieser Abschnitt wurde in Abstimmung mit Elfi Connemann erstellt. Das Ehepaar Elfi und Hans-Joachim Connemann sammelt seit Jahrzehnten Stickmustertücher und alles, was zu diesem Thema gehört. Damit erhält es forschend und schreibend die Erinnerung an vier Jahrhunderte Mädchenerziehung und Frauenkultur. Die beschriebene Erbschaft der Familie Bergemann ist Beispiel dafür, dass Exponate nicht nur in Vitrinen ausgestellt, sondern dass auch alles erforscht und dokumentiert wird, was mit diesen Exponaten zu tun hat.

Unter dem Namen „Deutsches Stickmuster-Museum Celle" wird eine der schönsten und umfangreichsten Privatsammlungen zum Thema Stickmustertücher in Palais im Prinzenengarten präsentiert, einem Lustschlösschen aus dem Rokoko, erbaut um 1770 von Prinz Ernst zu Mecklenburg-Strelitz. Dieser war damals Stadtkommandant in Celle. Das Museum ist nicht zum schnellen Durchlaufen angelegt. Unter dem Leitspruch „Man sieht nur, was man weiß" sollte man sich Zeit nehmen, etwas über die Exponate zu erfahren – so wie in diesem Beitrag über die Erbschaft der Familie Bergmann.

Literatur

Thomas Blisniewski: Frauen, die den Faden in der Hand halten. München 2009.

Leonhardt-Lyser, Caroline und Cäcilie Seifer: Encyclopädie aller weiblichen Hauptkenntnisse. Ein Lehrbuch zur sichern Erwerbkunde & ein Rathgeber in allen Fällen des weiblichen Wirkungskreises für Mädchen & Frauen. Leipzig 1843.

Der Blaudruck: Kunst für das Volk

In der Blaudruckerei – Motive mit Modeln drucken – Das blaue Wunder
Blaudruck gestern und heute

Wie wir gesehen haben, wird Reichtum auch über exklusive teure Stoffe und aufwändige Stickereien demonstriert. Da kann das Volk nicht mithalten. Aber auch es pflegt seine Kunst. Dazu gehört zum Beispiel das Sticken. Und dazu gehört auch die Gestaltung seiner meistens handgewebten Leinenstoffe. Der im 17. Jahrhundert aufkommende Blaudruck bietet ihm dazu vielfältige Möglichkeiten. Und es lässt gestalten. Mit den verschiedensten Motiven lässt es seine Alltagskleidung, Bettwäsche und Tücher vom Blaufärber bedrucken. So wird der Blaudruck für Generationen zur Kunst des Volkes.

Als dann mit der Industrialisierung der maschinelle Walzendruck aufkommt, ist diese Zeit schon wieder vorbei. Mit neuen Methoden können die Stoffe jetzt günstiger hergestellt werden. Man kauft sie fertig ein, von eigener Gestaltung ist bald keine Rede mehr.

Im Gegensatz zum Schwarzfärber, der die Stoffe lediglich einfärbt, bedruckt der Blaufärber seine Stoffe. Er ist der Kreativkünstler unter den Färbern. Blaudruck ist ein altes Verfahren, das vor allem in Indien praktiziert wurde – dem Land mit Überfluss an Baumwolle und Farben. Auch in Afrika gab es den Blaudruck. In Europa hingegen wird der Blaudruck erst im 17. Jahrhunderts bekannt: Es sind Holländer, die die alte Technik aus „Ostindien" mitbringen. Zunächst sind die Produkte noch exklusiv aus indischer Baumwolle und Seide. Die erste Manufaktur wird 1689 in Augsburg eröffnet. Weil der Bedarf groß ist, breitet sich der Blaudruck dann schnell aus: Überall sieht man das weiße Muster auf blauem Stoff.

Auf dem Lande entstehen jetzt kleine Blaudruckereien, zu denen die Landbevölkerung selbst gewebte Leinen zum Bedrucken und Färben bringt. Fast jedes Dorf hat bald seinen Blaufärber. In den Städten werden die Färbereien meistens am Rande der Altstadt an den Gräften angesiedelt, um in der Nähe des Wassers zu sein und um den lästigen Geruch loszuwerden. So gibt es zum Beispiel in Jever über Jahrhunderte drei solcher Werkstätten. Im 18. Jahrhundert werden dann auch Halbleinen- und Baumwollstoffe bedruckt, und zwar vor allem für Bettwäsche, Vorhänge und Frauenkleidung.

Manche Blaudruckmeister betreiben außerdem eine Gastwirtschaft, damit sie in der „stillen Zeit" abgesichert sind. Wir werden in einem der nächsten Abschnitte sehen, dass sich auch der klassische Dorfschneider mit Nebentätigkeiten vorsorgt.

In der Blaudruckerei

Heute gibt es in Deutschland noch gut zwei Dutzend derartiger Blaudruckereien. Es sind Familienbetriebe, die das alte Handwerk vor allem für Heimatvereine und den Fremdenverkehr sowie eine kleine mehr oder minder nostalgische Nachfrage pflegen. Eine dieser Blaudruckereien betreibt Georg Stark in der kleinen Seitenstraße im „Kattrepel" in der Altstadt von Jever. Seit über 20 Jahren arbeitet er dort als Textildrucker und Blaufärber. Er verarbeitet private Stoffe – zum Beispiel altes Leinen – im Lohndruck oder stellt nach den Vorstellungen seiner Kunden Blaudrucke auf seinem Leinen her. Besucher können ihm bei der Arbeit zuschauen und erleben, wie Textilien bedruckt und gefärbt werden - so wie es früher allerorts einmal üblich war.

Das Blaudruckverfahren ist ein indirektes Verfahren (sog. Reservedruckverfahren), bei dem Muster mit einer farbabweisenden Masse auf einen Stoff aufgedruckt werden. Während der dann folgenden Ausfärbung mit Indigoblau bleiben die Muster entsprechend ausgespart (reserviert). Wenn dann in einem weiteren Vorgang die farbabweisende Masse ausgewaschen wird, erscheint das Muster weiß auf blauem Grund.

Motive mit Modeln drucken

Die Muster der Blaudruckstoffe werden von Hand mit Modeln aufgedruckt. Anfangs wurden die Modeln ganz aus Buchenholz geschnitten. Im 19. Jahrhundert setzen sich dann Muster aus feinen Metallspitzen durch, die in Birnenholz gesetzt werden.

Zunächst gilt es also, die zu druckenden Muster auszusuchen. Im Fundus von Georg Starks' Blaudruckerei gibt es rund 600 alte Modeln, von denen noch rund 460 druckfähig sind. Aber so riesig, wie dieses Musterangebot heute ist, war es früher für den Kunden nicht. Georg Stark hat nämlich Modeln aus verschiedenen Regionen und Zeiten zusammengetragen. Und nur aus dieser begrenzten Perspektive konnten die Kunden damals ihre Muster auswählen. So sind bis 1800 oft „exotisch asiatische" Motive wie Granatäpfel, Pfauenfedern oder Lotosblumen und natürlich europäische christliche Muster beliebt. Im 19. Jahrhundert sind dann feinere und diskretere Musterungen „modern". Ähnliches haben wir im vorigen Abschnitt über die Sticktuchmuster gesehen.

Wer heute einen Auftrag erteilt, sollte sich am besten erst einmal fertige Produkte anschauen und sich deren zeitlichen Hintergrund vom Meister erklären lassen. Georg Stark druckt ausschließlich die historischen Dekore. Kitschmuster wie Weihnachtsmänner oder Enten und Gänse lehnt er ab.

Nach Festlegung des Musters und des zu bedruckenden Stoffes folgt der Stempelvorgang. Hierbei wird das Muster mit einer farbabweisenden Masse auf den Stoff aufgetragen, dem sogenannten Druckpapp. Das geschieht sorgfältig Stück für Stück im Rapport von Hand. Bei einer Tischdecke in der Größe 130 x 160 cm und einer Stempelgröße von 11 x 15 cm ist das ein Vorgang, der Konzentration und genaues Arbeiten erfordert.

Das blaue Wunder
Ist der Druck fertig, folgt die Blaufärbung in der Indigo-Küpe. Dazu wird der bedruckte Stoff auf einen eisernen Kronreifen gespannt und bis zu zehnmal in einen mehr als zwei Meter tiefen Färbebottich, die Küfe, getaucht – solange, bis die gewünschte Farbtiefe erreicht ist. Heute wird entweder traditionell mit Indigo oder mit einem modernen Indanthren-Blau gefärbt.

Und dann erleben die Zuschauer das legendäre „blaue Wunder". Wenn der Stoff die Farblösung verlässt, ist er nämlich noch grün-gelblich. Erst durch die Oxidation mit der Luft verfärbt er sich blau. Dieses „Wunder" brachte den Blaufärbern früher manchmal den Ruf von Hexern ein. Schließlich wird mit arbeitsintensiven Spülvorgängen der aufgedruckte Papp entfernt, und es erscheint das weiße Muster auf blauem Grund.

Die Rezepte der Farben und des Entwicklungsbades sind Betriebsgeheimnis. Sie werden von einer Generation zur anderen weitergegeben. Deshalb hatte Georg Stark bei der Einrichtung seiner Blaudruckerei auch erst einmal erhebliche Probleme, geeignete Rezepte ausfindig zu machen. Dass Techniken und Rezepte geheim gehalten wurden, ist nicht außergewöhnlich. Wir werden im dritten

Kapitel sehen, wie sich in der Oberlausitz 1981 ein Textilingenieur schwer tut, einen nicht mehr funktionstüchtigen alten Damastwebstuhl für ein Museum wieder in Betrieb zu setzen. Er muss mangels Unterlagen die alte Technik zum Teil neu erfinden. Wir werden auch sehen, wie die Briten zu Beginn der Industrialisierung über ihre neue Technik, die ihnen einen ungeheuren Wettbewerbsvorteil in Europa sicherte, wie über Staatsgeheimnisse wachten.

Blaudruck gestern und heute

Zurück zum Blaudruck: Er kann sich auch deshalb überall durchsetzen, weil ihn sich das „Volk" leisten kann. So sind zum Beispiel die Spitzenimmitationen der Kantenmuster für Festtagstrachten sehr beliebt, weil man für echte Spitzen kein Geld hat.

Es liegt auf der Hand, dass die Nachfrage nach Blaudrucken stark von der wirtschaftlichen Lage abhängt. So gibt es vor und während des 2. Weltkrieges noch einmal einen Aufschwung, weil es an industriell hergestellten Textilien mangelt.

Heute werden für viele Trachten noch Blaudruckstoffe verarbeitet. Ansonsten ist die Nachfrage nach Blaudrucktextilien eine reine Modefrage. Der Preis spielt dabei nicht mehr die entscheidende Rolle. So wird der Blaudruck in moderner Kleidung verarbeitet, weil er schlichtweg als schön empfunden wird. Und für eine Blaudrucktischdecke entscheidet man sich, weil sie „Stil" hat. Außerdem kostet eine handwerklich gefertigte Blaudruck-Tischdecke heute wesentlich mehr als die meisten anderen Tischdecken.

Handblaudruck in Scheeßel

Die große Zeit des Handblaudrucks ging schon Ende des 18. Jahrhunderts wieder zu Ende, weil das zunehmende Angebot billiger maschinell hergestellter Druckstoffe die Nachfrage nach Handblaudruck radikal zurückgehen ließ. Wieder einmal drohte einem traditionellen Handwerk die schöpferische Zerstörung.

In Scheeßel ist das anders

Das ist in Scheeßel (einem Dorf mit rund 600 Einwohnern zwischen Lüneburger Heide und dem Moor) einige Zeit lang anders. Dort entstehen im 19. Jahrhundert entgegen dem Zeittrend sogar zwei Blaudruckereien. Da ist zunächst einmal der junge Färbe- und Blaudruckmeister Adolf Crone (1807-1875) aus Walsrode, der hier 1845 einen Betrieb gründet und den Scheeßelern das Färben und auch das Blaudrucken ihrer Stoffe anbietet. Er hat richtig erkannt, dass hier trotz der konkurrierenden Billigprodukte durchaus Bedarf besteht, ja sogar noch steigt. Das liegt einmal daran, dass die Bevölkerung wächst und der Wohlstand zunimmt. Vor allem aber ergibt sich die Nachfrage, weil es durch den intensiveren Flachsanbau und die ausgedehnte Schafzucht Mengen an Rohstoffen gibt, mit denen an den legendären langen Winterabenden im „Hausfleiß" durch Spinnen und Weben Textilien hergestellt werden, die auf Weiterverarbeitung warten.

Wandel der Mode

Wichtig ist dabei natürlich auch, dass die Scheeßeler am klassischen blau-weißen Tuch festhalten. Das ist nämlich mittlerweile keineswegs selbstverständlich. So setzt sich in den Städten im Sog der industriellen Revolution eine andere Mode durch. Man will modern sein. Das aber ändert sich schon Ende des Jahrhunderts wieder. Immer mehr Menschen stehen jetzt der industriellen Enwicklung kritisch gegenüber. Sie sehnen sich nach der Natur und der damit vermeintlich heilen Welt auf dem Lande. Damit sind die Erzeugnisse der ländlichen Blaudrucker auf einmal wieder „in". Man schmückt die Wohnungen mit im Blaudruck hergestellten Decken und Wandbehängen und sich selbst mit Blaudruckröcken und -schürzen. Hans Riedelk wird diese Sehnsucht später in seinem schnell populären Wanderlied *„Aus grauer Städte Mauern"* aufgreifen. Wir haben diese Gegenbewegung in unserem Buch „Und doch war immer wieder etwas los" beschrieben.

Es gibt jetzt auch eine überregionale Nachfrage. Das die in Scheeßel hergestellten Textilien weit über den Eigenbedarf gehen, wird der Verkauf bis nach Hamburg ausgedehnt. Da ist möglich, weil in dieser Zeit wie überall in Deutschland das Straßen- und Schienennetz ausgebaut wird.

So dominiert im Crone-Betrieb unter Leitung des Enkels Adolf II (1865-1926) schließlich der Textilhandel. 1905 werden dann Färberei und Blaudruck aufgegeben. Später wird der Betrieb zu einem angesehenen Kaufhaus für Textilien ausgebaut, das es heute noch gibt.

Adolf Müller erkennt die große Nachfrage

Als die Nachfrage noch groß ist eröffnet 1872 Adolf Müller (1845-1918) in einem Anbau auf seinem väterlichen Anwesen „Haus am Bach" eine Färberei und Blaudruckerei. Er hat gesehen, dass die Nachfrage so groß ist, dass der Crone-Betrieb sie gar nicht befriedigen kann. Also „macht er mit" --- und auch er hat Erfolg.

Trotzdem: Die Zeit des Handblaudrucks neigt sich bald ihrem Ende zu. Sein Sohn Heinrich (1876-1950) führt nach einer Lehre als Färber und Blaudrucker sowie der herkömmlichen Handwerker-Wanderschaft die Tradition im Lohndruck weiter fort. Er bedruckt die selbstgewebten Stoffe der Scheeßeler mit von ihnen ausgesuchten Mustern. Das spielt vor allem im Mangel der Kriegs- und Nachkriegszeiten eine Rolle. Gefragt ist seine Arbeit auch für die prächtigen Scheeßeler Trachten. Als zweites Standbein hat er jetzt eine chemische Reinigung. Bis zu seinem Tode sind noch mehrere Gesellen bei ihm beschäftigt.

Es ist ein großes Verdienst von   Adolf Müller, dass er nach dem Tod des letzten Stader Blaudruckers Carl Friedrich Graevius einen Großteil von dessen wertvollen alten Modeln rettet und sie auch weiter verwendet. Sein Handwerkszeug legt er erst mit seinem Tod im Jahre 1950 aus d4r Hand.

Dass alte Handwerk wird bewahrt

Und damit verschwindet zunächst der traditionelle Blaudruck aus Scheeßel. Das allerdings ändert sich in den 70er-Jahren. Damals entsteht im Scheeßeler Heimatverein der Plan, das alte Blaudruckhandwerk wieder zum Leben zu erwecken. Zielsetzung ist es von Beginn an, eine aktive Werkstatt aufzubauen, in der das alte Handwerk traditionell betrieben wird, sowie das Wissen zu bewahren und an die nächste Generation weiterzugeben.

Der Vorstand hat Glück. So gelingt es ihm, das Inventar der Blaudruckerei Heinrich Müller fast vollständig zu erwerben. Und er gewinnt mit Alfons Friese einen von Heinrich Müllers zahlreichen Lehrlingen dazu, in seiner Freizeit wieder als _Blaudrucker aktiv zu werden.

Da Alfons Wiese Mitglieder des Heimatvereins für das Handwerk begeistert und ihnen auch seine profunden Kenntnisse vermittelt, wird seit 1975 in einer funktionsfähigen Werkstatt im alten Kornspeicher nach alter Tradition gedruckt und gefärbt. Dabei wird noch das alte Original Müllersche Rezept verwendet. Das Team besteht heute aus acht Blaudruckern, die ihr Handwerk schon seit Jahren ausüben. Jeder verfügt über alle notwendigen Fähigkeiten und Kenntnisse – von der Herstellung des Druckpapps, über das Drucken und Färben bis hin zur Entwicklung der Stoffe.

Der Abschnitt „Handblaudruck in Scheeßel" wurde in Abstimmung mit Jessica Krull und Annerose Rathjen vom Heimatmuseum Scheeßel verfasst.

Heimatmuseum Scheeßel

Heimatverein „Niedersachsen" e. V., Am Meyerhof 1 „Weberhaus", 27383 Scheeßel
www.heimatmuseum-scheessel.de

Museum der Stadt Bad Hersfeld
Im Stift 6a, 36251 Bad Hersfeld
www.bad-hersfeld.de

In der volkskundlichen Sammlung des Stadtmuseums Bad Hersfeld wird eine vollständige Blaudruck-Werkstatt mit fast 1.000 Druckstöcken gezeigt. Dort kann man sehen, wie früher Stoffe blau gefärbt und mit Mustern versehen wurden. Außerdem kann man ein hölzernes Göpelwerk, eine Postkutsche und einen Schäferwagen besichtigen. Das Museum ist nahe der Hersfelder Stiftsruine im Ostflügel des ehemaligen Benediktiner-Kloster untergebracht. Dort wird die Geschichte des Stifts und der Stadt bis zum 19. Jahrhundert dargestellt.

Literatur
Heimatverein Niedersachsen e. V, (Hrsg.): Handblaudruck in Scheeßel, Scheeßel 2007.
Karin Zuleger: Das Blaufärberhandwerk. 4. Aufl., Dieburg 2012.
Hans-Jürgen Goerschel: Blaudruck – Ein altes Handwerk. Aurich 1982.
Rose Müller: Blau mit weißen Blumen. Geschichte und Technologie des Blaudrucks. Münster 1984.
Hartmut Walravens: Ein blaues Wunder. Blaudruck in Europa und Japan. Berlin 1990.

Der Waschtag:
Als die Wäsche noch nicht jeden Tag gewechselt wurde

Waschtag: Erst einmal die Vorarbeiten – Und dann geht es los - Bleichen auf dem Rasen
Vom Holzbottich zur vollautomatischen Waschmaschine - … und die Wäsche wird billiger
Der Wille zur Sauberkeit – So sind wir beeinflussbar

Es ist noch gar nicht so lange her, da war es in Deutschland keineswegs üblich, die Wäsche täglich zu wechseln. Noch bis über die Nachkriegszeit hinaus ist in vielen Familien nur einmal wöchentlich Wäschewechsel angesagt. Der Grund: Wäschewachsen ist eine mühevolle und schwere Arbeit. Zudem ist die Wäsche teuer und deshalb der Wäschebestand bescheiden.

Größere Wäschemengen als an den üblichen Waschtagen sind mit der damaligen Arbeitsweise ohnehin kaum zu schaffen. Deshalb pendeln sich die Sauberkeitsvorstellungen auf der Ebene des Machbaren ein. Erst als technische Neuerungen und neue Hilfsmittel die Arbeit erleichtern und man sich mehr Wäsche leisten kann, kann das Hemd häufiger gewechselt werden. Dass es dann auch tatsächlich schneller gewechselt wird, liegt auch an einem Wandel der

Sauberkeitsvorstellungen. Einen großen Anteil hieran haben Gesundheitsbildung und kommerzielle Werbung.

Das Rieser Bauernhofmuseum hatte 1995 in einer Sonderausstellung eindrucksvoll den Wandel des Waschtages aufgezeigt. Die Reaktionen vieler Besucher zeigten damals, dass der „Waschtag von gestern" noch häufig in lebendiger Erinnerung ist. Dies begann beim Wiedererkennen alter Geräte und früherer Arbeitssituationen und ging bis zur immer wieder zu hörenden Feststellung: „Früher war der Montag Waschtag. Da hatte die Hausfrau mit dem Waschen alle Hände voll zu tun. Alle andere Arbeit musste deshalb liegenbleiben. Zu essen gab es nur aufgewärmte Reste vom Sonntag."

Erst einmal die Vorarbeiten
Schauen wir einige Generationen zurück: Wir befinden uns in einer Zeit ohne Strom und Fließwasser. Bevor mit dem Waschen begonnen werden kann, sind deshalb erst einmal eine Reihe Vorarbeiten erforderlich.

So muss das Waschwasser in Eimern vom Brunnen oder vom Bach geholt werden. Das Holz ist für die Heißwasserzubereitung bereitzulegen. Schließlich ist die Wäsche vorzusortieren. Man unterscheidet dabei zwischen besseren Wäsche- und Kleidungsstücken und der derben Arbeits- und Alltagskleidung. Gute Sonn- und Feiertagskleidung kommt dagegen selten oder gar nicht in die Wäsche. Weil sie geschont werden soll, wird sie meistens nur gelüftet, gebügelt oder ausgeklopft. Wir kennen dies bereits von Kunigunde Engelhard.

Die sortierte Wäsche wird bereits am Vorabend in Wannen und Bottichen eingeweicht, damit sich der Schmutz am Waschtag besser lösen lässt.

Und dann geht es los
Am Waschtag kommt zunächst die feine weiße Wäsche in einen Topf auf dem Herd in der Küche oder in den Waschkessel. In einer selbst hergestellten Lauge wird sie aufgekocht und mit einem langen Holzlöffel umgerührt. Schließlich wird sie auf dem Waschbrett gerubbelt – immer und immer wieder, bis sich schließlich der Schmutz löst.

In jeder Küche steht damals über der Spüle ein Bord mit Gefäßen für Soda, Sand und Seife: Soda zur Erhärtung, Seife zum Waschen und Sand zum Scheuern. Gekauft werden diese „Saubermacher" lose beim Kramerladen um die Ecke.

Das Waschbrett ist noch bis weit ins 20. Jahrhundert in Gebrauch. Es ist 30 bis 40 Zentimeter groß. Auf den regelmäßigen Erhebungen und Vertiefungen werden feuchte Kleidungsstücke gerieben, um die Verschmutzungen zu lösen. Wir kennen das Waschbrett noch aus unserer Kindheit in den 50er-Jahren und können uns an das obligatorische Rubbeln unserer Großeltern erinnern. Und wie musste vor allem die Alltagskleidung gerubbelt werden! An die neblige Waschkellerluft mit seinem eigenen Geruch können wir uns noch nach Jahrzehnten erinnern. Heute empfinden wir sie als angenehm, weil sie uns an unsere Kindheit erinnert.

Nach der feinen Wäsche wird die übrige Wäsche in derselben Lauge gewaschen. Schließlich muss man Seife und Wasser sparen.

Nach dem Waschen wird die Lauge wieder aus der Wäsche entfernt. Das „Spülen" steht an. Da für die mehrmaligen Spülvorgänge viel Wasser gebraucht wird, trägt man die Wäsche häufig zum Brunnen oder Bach. An Flüssen erleichtern Holzstege den Zugang zum Wasser – belegt in zahlreichen alten Fotos und auch Gemälden. Schließlich wird die nasse Wäsche mit den Händen ausgewrungen. Das ist eine Arbeit, die viel Muskelkraft kostet.

Bleichen auf dem Rasen

Es folgt das Bleichen der Weißwäsche auf einem gesäuberten Rasen. Max Liebermann hat dies in seinem Gemälde „Die Rasenbleiche" (1882/1883) eindrucksvoll festgehalten: Zwei Frauen haben die Wäsche in einem großen Bottich auf eine Wiese gebracht und breiten sie dort sorgfältig aus. Beim Bleichen wird die Wäsche durch Sonneneinstrahlung und ständige Befeuchtung aufgehellt. Wichtig ist, dass die Wäsche immer gut nass gehalten wird. Deshalb muss sie immer wieder begossen werden. Selbst vergilbte und fleckige Wäsche wird so wieder blendend weiß. Darauf legt die Hausfrau auch damals großen Wert. Die spätere Waschmittelwerbung bedient diesen Anspruch bis heute.

Dann folgt das Trocknen auf der Leine im Hof oder Garten oder auf dem Dachboden. Schließlich steht das Glätten mit Mangelbrett und Rollholz und später mit dem Bügeleisen an.

Meistens ist der Montag in ganz Deutschland Waschtag. Das liegt auf der Hand: Am Samstag ist Badetag. Am Sonntag ruht die Arbeit. Da kann man dann am Montag früh anfangen und braucht sich auch nicht um das Mittagessen zu kümmern, weil sonntags gleich mehr für den Montag mitgekocht wird.

Vom Holzbottich zur vollautomatischen Waschmaschine

Wäschewaschen ist in dieser Zeit eine äußerst mühevolle und schwere Arbeit. Es ist klar, dass deshalb jede Erleichterung begeistert aufgenommen wird. Und Erleichterungen gibt es nach und nach in großer Zahl. Eines der zahlreichen Stichworte heißt „Waschmaschine". So gibt es um die Jahrhundertwende einen hölzernen Waschbottich mit einem Wäschebeweger auf dem Boden, der mit einer

Stange hin und her bewegt wird. Die große Erleichterung kommt dann mit der mit Motor und Riemenantrieb versehenen Waschmaschine.

Der Erfindungsreichtum ist in dieser Zeit grandios. Aber es ist trotzdem noch ein weiter Weg bis hin zur vollautomatischen Waschmaschine. In die ersten Waschmaschinen muss man nämlich weiterhin heißes Wasser einfüllen oder das Wasser mit Holzfeuerung erhitzen.

Waschmittel – Markenartikel, die jeder kennt

Die Entwicklung geht rasant weiter. 1907 bringt Henkel das erste selbsttätige Waschmittel auf den Markt: Persil – ein Markenartikel, den bald jeder in Deutschland kennt. Kein Wunder: Durch Sauerstoffentwicklung wirkt es schmutzlösend und erspart damit das mühsame Rubbeln und Bürsten.

Das Wringen wird zunächst durch Geräte mit zwei bewegten Rollen erleichtert. Zwischen diese wird ein Wäschestück eingelegt und mittels einer Kurbel durchgedreht. Die ganz große Erleichterung bringt dann später die Wäscheschleuder.

Oder das Bügeleisen: Die Entwicklung reicht von dem durch das Herdfeuer oder mit glühenden Kohlen erwärmte Eisen bis hin zum Dampfbügelautomaten unserer Tage.

Schließlich führt das Angebot preiswerter und pflegeleichter Wäsche zu einem immer großzügigeren Umgang mit der Kleidung. Heute ist in den meisten Haushalten mehr als genug Wäsche vorhanden. Und sie lässt sich wesentlich einfacher als früher waschen.

Der Wille zur Sauberkeit

Es liegt auf der Hand: Tägliches Wäschewechseln hängt entscheidend von den Möglichkeiten ab. Und die waren für die deutsche Durchschnittsfamilie früher sehr begrenzt. Täglicher Wäschewechsel ist dagegen heute kein Problem mehr. Aber wechselt man deshalb auch zwangsläufig jeden Tag die Wäsche? Keineswegs! Das Sauberkeitsverhalten hängt letztlich vom Willen des Einzelnen ab. Will er den Fortschritt zu mehr Sauberkeit nutzen oder freut er sich nur über die gewonnene Erleichterung und genießt sie durch mehr Freizeit?

Bei dieser Entscheidung spielt die soziale Umwelt eine große Rolle. Sie prägt nämlich entscheidend die Sauberkeitsvorstellungen. Wer diese Vorstellungen nicht akzeptieren will, wird häufig durch ihren Sanktionsmechanismus zur

Einhaltung gezwungen. Ist er nämlich „nicht so sauber", wie sie es erwartet, wird er schnell als „unsauber" an den Rand der Gruppe gedrängt. Wer dagegen „mehr tut", wird als „pingelig" angesehen. Der Wunsch, in der sozialen Gruppe akzeptiert zu werden, führt so dazu, dass sich die meisten Menschen diesen Normen unterwerfen.

So sind wir beeinflussbar

Auf diese Normenvorstellungen wird seit Mitte des 19. Jahrhunderts in Deutschland erheblich Einfluss genommen. So fordert eine weite Hygienebewegung immer und immer wieder mehr Reinlichkeit in allen Lebensbereichen. Seit der Entdeckung von Bakterien als Krankheitserreger bringt man Gesundheit mit Sauberkeit in Verbindung und propagiert deshalb gründliche Körper- und Kleidungspflege.

Verstärkt wird diese Gesundheitserziehung durch die kommerzielle Werbung der Anbieter der neuen Geräte und Hilfsmittel und auch der Kleidung. Für sie ist es die Gelegenheit, ihre Ware unter Gesundheitsaspekten anzupreisen (was noch heute sehr beliebt ist). Und sie findet ein weitere Motive für ihre Kundschaft: Im abschließenden Kapitel über die früher jedem bekannte Bleyle-Kleidung zeigen wir, wie sich dies ein dynamischer Unternehmer zunutze macht. Kurzum: Sauberkeit wird zum ästhetischen Element und zum Prestigefaktor. Wer sauber ist, ist beliebt, anerkannt und hat Erfolg.

Kein Wunder also, dass sich die Vorstellungen von Sauberkeit in Deutschland radikal verändern, so radikal, dass man das Sauberkeitsverhalten unserer Großeltern kaum noch versteht: Die Wäsche ist täglich zu wechseln! Sonst wird die Nase gerümpft. Der Lernprozess hat also bestens funktioniert.

Rieser Bauernmuseum Maihingen
Klosterhof 3 und 8, 86747 Maihingen
www.rieser-bauernmuseum.de

Dieser Abschnitt wurde in Abstimmung mit dem Rieser Bauernmuseum Maihingen anlässlich der Sonderausstellung „Waschtag – Waschen und Wäschepflege früher" erstellt.

Das Museum bietet Einblicke in die ländliche Alltagskultur der Region. Es zeigt u. a. bemalte Möbel und ländliche Kleidung. Ein Kaufladen und ein Milchgeschäft sowie eine Landarzt- und Zahnarztpraxis sind original getreu eingerichtet. Die Geschichte der Rieser Landwirtschaft von der vorindustriellen Zeit bis zum Umbruch der Nachkriegszeit wird in der Klosterökonomie dargestellt.

Literatur:

Ruth Kilian: Das Wirtschaftswunder in Küche und Speis – Technischer Fortschritt im Haushalt. In: Rieser Kulturtage. Dokumentation Bd. XVII/2008. Nördlingen 2009, S. 561–601.

Ruth Kilian: Wandel der häuslichen Hygiene 1945–1960. In: Peter Fassl (Hrsg.): Beiträge zur Nachkriegsgeschichte von Bayerisch-Schwaben 1945–1970. Tagungsband zu den wissenschaftlichen Tagungen von 2006, 2007 und 2008 (Schriftenreihe der Bezirksheimatpflege Schwaben zu Geschichte und Kultur, 2). Augsburg 2011, S. 511–538.

Fred Bertrich: Kulturgeschichte des Waschens. Düsseldorf/Wien 1966.

Heidi Lang, Hans Stallmach: Werkbank, Waschtag, Schrebergarten. Das alltägliche Leben der Braunschweiger Arbeiterschaft im Kaiserreich und in der Weimarer Republik. Braunschweig 1990.

Vom Flicken und dem Wiederverwenden der Kleidung

Recycling gestern – Die Flickkultur – Zeichen der Armut
Abstieg von der Sonntags- zur Alltagskleidung – Romantische Irrtümer

Waren „früher" Kleidungsstücke beschädigt, abgenutzt oder nicht mehr tragbar, wurden sie nicht einfach weggeworfen und kurzerhand durch neue ersetzt: Man denkt vielmehr immer erst einmal über Weiternutzungsmöglichkeiten nach. Entsprechend wird die Lebensdauer so manches Kleidungsstückes durch Flicken erheblich verlängert. Typisch ist dies überall in Deutschland für die Arbeitshose. Sie wird geflickt, geflickt und nochmals geflickt. Und wenn es darauf ankommt, werden auf die Flicken weitere Flicken gesetzt.

Selbstverständlich ist auch das Stopfen von Socken und Pullovern sowie das Wenden von Kleidungsstücken, von Kragen und Manschetten. Auch das Annähen von Knöpfen gehört dazu. Wo gibt es nicht jene Knopfdose, in der sich im Laufe der Zeit Generationen von Knöpfen angesammelt haben?! Knöpfe aus Holz, Horn, Metall, Glas oder woraus auch immer sie hergestellt sein mögen. Wir werden im abschließenden Kapitel zeigen, wie es dem findigen Unternehmer Wilhelm Bleyle gelingt, den Hausfrauen diese Arbeit zu erleichtern oder sogar ganz abzunehmen.

Das Landwirtschaftsmuseum Lüneburger Heide hat sich mit dem Thema „Abnutzen, Flicken und Wiederverwenden in der Alltagskultur auf dem Lande" ausführlich beschäftigt und dazu auch von Günther Reimers verfasste Materialien herausgegeben. Hieran haben wir uns in diesem Abschnitt orientiert. Begeben wir uns also in eine Zeit, in der man abgenutzte Kleidungsstücke nicht so einfach weggeworfen hat.

Recycling in der „Welt von gestern"

Lässt sich die Kleidung nicht wieder instand setzen, macht man sich Gedanken, wie man sie anders nutzen kann. Dabei kommt man auf die ausgefallendsten Ideen. So ist die Anfertigung von Scharnieren für Kaninchenstalltüren aus dem Oberleder ausgedienter Schuhe überall gang und gäbe. Erst recht gilt das für das Aufribbeln von Pullovern, aus denen dann Socken, Handschuhe oder Topflappen entstehen. Wir kennen das aus unserer Kindheit in den 50er-Jahren noch von unseren Großeltern. Das Stichwort heißt „Umnutzen!" Und wenn sich keine andere Nutzungsmöglichkeit findet, bleibt immer noch die Möglichkeit der Wiederverwertung. Man führt den Stoff in den Produktionskreislauf zurück. So werden beispielsweise Lederreste unbrauchbar gewordener Schuhe zerfasert, um daraus dann Brandsohlen herzustellen.

Diesen Vorgang nennen wir heute „Recycling" – Umkehr vom Weg des mehr oder minder gedankenlosen Wegwerfens – zurück in die Welt jenes legendären Lumpensammlers, der früher Jahr für Jahr über Land zog und Altkleider für die Wiederverwertung sammelte.

Zum Wegwerfen zu schade!

In der Welt von gestern geht man mit den Kleidungsstücken wesentlich sorgsamer als heute um, weil Kleidung knapp und kostspielig ist. Wir haben das bereits in den Abschnitten Aussteuer, Waschtag und Tracht gesehen. Da man Kleidung nicht wie heute kurzerhand gegen neue austauschen kann, ist jeder gefordert, das wertvolle Material weiter zu verwerten. Ob Mann, Frau oder Kind – ob Bauer oder Handwerker. Sie alle machen mit beim Erhalten, Umnutzen und Weiterverwerten. Unterstützt werden sie dabei von spezialisierten Handwerkern, die von Hof zu Hof ziehen und ihre besonderen Fähigkeiten anbieten. Natürlich gehört der Schneider zu ihnen. Er wendet alte abgetragene Kleidungsstücke oder macht aus der Herrenhose des Bauern eine Knabenhose. Dann kommt der Schuhmacher. Auch Sattler und Glaser sind dauernd unterwegs. Kesselflicker und Topfbespinner bieten ihre Arbeit an. „Zum Wegwerfen zu schade!" heißt die Devise der Zeit.

In Notzeiten nimmt die scheinbar endlose Verwertung sogar noch zu. Wer es bis dahin nicht nötig hatte, wird jetzt ebenfalls gezwungen, die Lebensdauer seiner

Kleidungsstücke durch Flicken zu verlängern. Ein Beleg hierfür ist in diesen Zeiten die Zunahme der Flickanleitungen in der Publikumspresse.

Ohnehin spiegelt sich die Flickkultur deutlich im Schulunterricht und in der Publikumsliteratur wider. So weist Günther Reimers darauf hin, dass die Mädchen im 19. Jahrhundert auch im Schulunterricht zum Flicken angehalten werden. Schon im 18. Jahrhundert gibt es zahlreiche schriftliche Flickanleitungen in der „Hausväterliteratur".

Zeichen der Armut

Selbstverständlich ist es stets, Kinder- und Arbeitskleidung zu flicken. Ansonsten aber ist das Tragen sichtbar geflickter Kleidung ein Zeichen gewisser Armut. Auch deshalb versuchen Frauen und Mädchen, jedes Flickwerk so auszuführen, dass es nicht sichtbar ist.

Solange geflickte Kleidung zum Alltag einer sozialen Gruppe gehört, schämt sich niemand seiner Flicken. Problematisch wird es jenseits der Flickkultur. Wer in Gruppen mit geflickter Kleidung erscheint, in denen die Kleidung eben nicht geflickt zu sein hat, muss damit rechnen, dass sein soziales Ansehen sinkt und er Probleme im sozialen Kontakt bekommt. Das ist generell – wie wir bereits geschildert haben – heute nicht anders als früher.

Abstieg von der Sonntags- zur Alltagskleidung

Wie schon im Abschnitt über die Tracht ausgeführt, hat die Sonntagskleidung für den Menschen früher eine wesentlich größere Bedeutung als für uns heute. Das liegt vor allem daran, dass an Sonn- und Feiertagen für jeden ein bewusster Rollenwechsel ansteht. Man erlebt Feste und Bräuche intensiver.

Man stellt sich lange vorher auf sie ein. Man nimmt Abstand vom Trott des Alltags. Und das will man auch und gerade durch seine Kleidung demonstrieren – durch gute Kleidung natürlich. Darauf legt man großen Wert. Entsprechend passt man sorgsam auf, dass die Abnutzung durch das eben nur gelegentliche und dabei sorgsame Tragen in Grenzen gehalten wird. Das Wort „Sonntagskleidung" ist damals ein fester Begriff. Für uns hingegen hat es keine Bedeutung mehr.

Wenn diese Sonntagskleidung dann trotz aller Sorgfalt nicht mehr in einem guten Zustand ist, beginnt ihr Abstieg zum Alltag. Die erste Station heißt dann zum Beispiel „Nach-der-Kirche-Kleid" – so wie wir es im Trachtenabschnitt über Kunigunde Engelhard beschrieben haben. Auf ein weiteres Beispiel weist Günther

Reimers hin. Danach hat die ausgesonderte Sonntagshose eines Jungen noch längere Zeit als Schulhose zu dienen – ehe sie dann nur noch am Nachmittag und schließlich nur noch als Arbeitskleidung „verbraucht" wird.

Romantische Irrtümer

Trotz des sorgsamen Umgangs mit dem Material in der Vergangenheit sollten wir uns nicht zu romantischen Irrtümern verleiten lassen. Die Menschen handelten schlichtweg deshalb so zurückhaltend, weil das Material knapp war und sie sich eben nicht so schnell etwas Neues leisten konnten. Wie sich dieselben Menschen in einer Überflussgesellschaft verhalten hätten, wissen wir nicht. Wahrscheinlich hätten auch sie sich mit dem Wegwerfen leichter getan…

Auch wir sind im Umgang mit jeglichem Material sensibler geworden, weil wir den Bestand unserer Welt durch Umweltbelastung und –ausbeutung gefährdet sehen. Viele, die beim Recycling und bei der Vermeidung von Abfall mitmachen, tun das heute nicht aus persönlichem materiellen Anreiz oder Zwang, sondern aus Überzeugung. Ist das nicht eine erfreuliche Perspektive?! Allerdings: Wenn das nicht ausreichen sollte, muss der Staat eingreifen und den Umgang mit Material zum Beispiel durch materielle Anreize oder Mehrbelastungen steuern.

Museumsdorf Hösseringen

Landtagsplatz 2, 29556 Suderburg
www.museumsdorf-hoesseringen.de

Dieser Abschnitt wurde in Abstimmung mit dem Landwirtschaftsmuseum Lüneburger Heide erstellt. Das Freileichtmuseum besteht aus 26 typischen Bauten der Lüneburger Heide. Sie sind zu einem regionaltypischen Haufendorf und einer Einzelhofstelle zusammengefasst. In ihnen wird das ländliche Wohnen und Arbeiten von 1600 bis 1950 in der Heideregion dargestellt. Ausstellungen gibt es über Spinnen, Weben, Schmieden, Schafhaltung und Imkerei. Sägerei und Stellmacherei vermitteln weitere Einblicke in die ländliche Arbeitsweise. Natürlich gehören auch bäuerliche Hausgärten, ein Dorfteich mit Enten und Gänsen, Schweine sowie Schnucken auf der Heidefläche dazu.

Literatur

Günther Reimers: Abnutzen, flicken und wiederverwenden in der Alltagskultur auf dem Lande. Suderburg 1986.

Thomas Brune, Hans-Ulrich Roller u.a.: Flick-Werk. Reparieren und Umnutzen in der Alltagskultur. Begleitheft zur Ausstellung im Württembergischen Landesmuseum Stuttgart. Tübingen 1983.

Als der Sonntagsanzug
noch vom Schneider kam

Die Nähmaschine: Ein sagenhafter technischer Fortschritt – Neue Aufträge an Markttagen
Reich wurde keiner – Kaufhäuser verändern die Welt des Schneiders
Der Anzug von der Stange – Maßschneider in den Städten mit exklusivem Kundenstamm

Vor hundert Jahren fertigten sie noch den Sonntagsstaat und Konfirmanden-Anzüge für ein ganzes Dorf. Heute sind sie verschwunden: Die Schneider auf dem Land. An das einmal weitverbreitete ländliche Schneiderhandwerk erinnert heute selbst in den zahlreichen Heimatmuseen nur noch wenig. Eines der seltenen Zeugnisse befindet sich im Museum Burg Brome: Das Foto des Schneidermeisters Johann Friedrich Heinrich Jürgens aus der Zeit um 1870. Stolz sitzt der Meister an seiner Nähmaschine – einer damals völlig neuartigen Erfindung. Mit ihr kann er unglaublich schneller arbeiten als bisher.

Die Nähmaschine: Ein sagenhafter technischer Fortschritt
Schon die 1845 von Howe erfundene Nähmaschine hatte die „sagenhafte" Geschwindigkeit von 300 Stichen pro Minute erreicht. Damit war sie fünfmal schneller als der beste Schneider. Jetzt, um 1870 erlaubt die neue Nähtechnik bereits bis zu 3.500 Stiche pro Minute. Unfassbar! Keine Frage: Diese Maschine wird die Welt der Schneider verändern.

Stolz ist Meister Jürgens auch, weil er der erste Schneider in Brome ist, der sich solch eine neuartige Maschine angeschafft hat. Das ist in dieser Zeit durchaus nicht selbstverständlich. Die meisten seiner Kollegen wollen nämlich lange Zeit nichts von der neuen Technik wissen. Erst viel später werden diese Maschinen aus ihren Werkstätten nicht mehr wegzudenken sein.

Neue Aufträge an Markttagen
Der Flecken Brome ist ein kleiner zentraler Ort im Hannoverschen. 1842 werden hier 560 Einwohner gezählt. An Markttagen sowie an Sonn- und Feiertagen kommen die Leute aus der näheren Umgebung hierher. Sie bringen den örtlichen Handwerkern Aufträge – so auch den Schneidern.

Um 1870 befinden wir uns in einer Welt, in der die Sonntagskleidung noch eine große Rolle spielt – so wie wir es anhand verschiedener Beispiele bereits beschrieben haben: Wer am Gemeinschaftsleben teilnehmen will – und das will damals fast jeder – muss an Sonn- und Feiertagen im Sonntagsstaat erscheinen. Das ist für alle eine verinnerlichte Selbstverständlichkeit.

So zeigen denn auch die Bilder aus diesen Jahren stets wohlgekleidete Menschen. Da es noch keine Konfektionsware in Brome gibt, kommt der Sonntagsanzug vom Schneider. Ob Neuanfertigung, Änderung oder Reparatur: Etwas haben die Schneider in Brome immer zu tun. Kein Wunder also, dass die Chronik von 1842 sieben Schneider in Brome verzeichnet.

Reich wurde keiner

Allerdings: Reich sind die Schneider alle nicht geworden, weil ihnen der lukrative Tuchhandel über Jahrhunderte verboten ist. Später passt er dann nicht mehr in ihr historisch entwickeltes Berufsbild. Deshalb sind auf Rechnungen, die von den damaligen Schneidern erhalten und im Museum zu sehen sind, nur klassische Schneiderleistungen aufgeführt. Kein Wunder also, dass wir in Märchen, Erzählungen und Chroniken immer nur dem „armen Schneiderlein" begegnen. Der Schneider ist zwar geachtet und gilt als klug und pfiffig – das große Geschäft aber machen andere.

Wie anderswo auch sind die Schneider in Brome stark von der lokalen Entwicklung abhängig. Ist die Ernte schlecht und mangelt es den Kunden entsprechend an Kaufkraft, merkt das auch Meister Jürgens. Auch wenn die Leute pessimistisch in die Zukunft schauen, ist die Kaufneigung niedrig, und der Schneider hat entsprechend weniger zu tun. Daran hat sich bis heute wenig geändert: Auch noch heute merkt das Bekleidungsgewerbe früher als andere Wirtschaftsbereiche einen sich abzeichnenden wirtschaftlichen Abschwung. Den Kauf von Bekleidung kann man notfalls eine Zeit lang verschieben. So heißt es zum Beispiel im „Wienerlied" von Franz Gribitz:

I brauch kan neuen Hut ,
I setz den alten auf,
Bevor i Wasser sauf!

Da ist es für die Schneider damals besser, nebenbei etwas Landwirtschaft zu betreiben. Durch diese Selbstversorgung ist er vor dem Schlimmsten gefeit. Fast alle Handwerker in den kleinen Orten sichern sich so ab. Manche üben daneben sogar noch einen weiteren Beruf in einem anderen Gewerbe aus oder arbeiten gegen Tageslohn von Zeit zu Zeit bei den großen Bauern. Besonders zur Erntezeit sind viele von ihnen auf den Feldern und Höfen zu finden. Interessant ist eine Eintragung im Bromer Kirchenspiel von 1842, in der es vom Häusling Schulze heißt, er sei „ein Musikus und Schneider, auch Kürschner".

Kaufhäuser verändern die Welt des Schneiders

Das alles sollte nicht mehr lange so bleiben. Wir befinden uns in einer Zeit des Umbruchs. Schon in den Tagen des Meisters Jürgens zeichnet sich eine neue Welt ab. In immer mehr Regionen tauchen mit Magazinen (Kaufhäuser), Konfektionsbetrieben und großen Maßschneidereien völlig neue Formen der Bekleidungsherstellung auf. So mancher Schneider sucht jetzt sein Zubrot bei ihnen. Nach und nach wird er schließlich von ihnen vereinnahmt: Immer häufiger nämlich erhält er Aufträge von diesen Betrieben.

Eines Tages wird er von ihnen völlig abhängig sein. Als hausindustrieller Schneider (Stückschneider oder Heimschneider) wird er dann Zulieferant. Da es viel zu tun gibt, beschäftigt mancher Meister weitere Mitarbeiter und fügt sich so als Zwischenmeister in das neue Produktionssystem ein. Andere Schneider gehen direkt in die neuen Konfektionsbetriebe.

Der Anzug von der Stange
Ob die vielen neuen Betriebe den klassischen Schneider nun vereinnahmen oder nicht: Am Ende verliert er seine meisten Kunden an sie. Es dauert nicht mehr lange, da kommt der Sonntagsanzug nicht mehr von ihm. Der Kunde holt ihn sich „von der Stange" oder in einem der neuen großen Maßgeschäfte (Salongeschäfte). Wir schildern diesen Strukturwandel in einem der nächsten Kapitel am Beispiel des Schneidermeisters Johann Desch, der erfolgreich den Verkauf vorgefertigter Kleidung durchsetzt und so eine Notstandsregion in ein Zentrum der deutschen Bekleidungsindustrie verwandelt.

Klar, dass die neuen Konfektionsbetriebe wesentlich produktiver als die Handwerksbetriebe arbeiten: Leistungsstarke nähende Maschinen und rationelle Arbeitsteilung sind in ihnen selbstverständlich. Und außerdem sind sie flexibler. So findet der Kunde in den neuen Magazinen durchgängig eine Abteilung für Maßarbeit und eine Abteilung für Konfektion.Dort kann er sich nach seinen Wünschen und finanziellen Möglichkeiten ausgiebig umsehen.

Die klassischen Schneider haben das Nachsehen. Schneider, die sich da noch selbstständig behaupten wollen, fristen häufig eine kümmerliche Existenz. Sie stellen sich dem aussichtslosen Wettbewerb, indem sie deren Preise geradezu selbstmörderisch unterbieten. Schließlich locken sie Kunden mit ausufernden Kreditangeboten. Die Pumpwirtschaft nimmt derartige Ausmaße an, dass bei ihnen die Barzahlung die Ausnahme und der Kredit die Regel wird. „Herein, wenn's kein Schneider ist" (der sein Geld haben will) wird zum geflügelten Wort. Das kann auf die Dauer nicht gut gehen.

Maßschneider in den Städten mit exklusivem Kundenstamm
Letztlich hält sich nur noch in den Städten der Maßschneider mit einem kleinen exklusiven Kundenstamm. Aber dieser Schneider ist nicht vergleichbar mit dem

Schneider, bei dem alle arbeiten ließen. Die Enkel des Meisters Jürgens haben keine Chance mehr. Insofern hatten die Schneider die Nähmaschine nicht grundlos abgelehnt. Aber weder Ablehnung noch Zerschlagung der Maschinen konnten den Siegeszug der neuen Technik bremsen – so wie in vielen anderen Bereichen auch. Was machbar ist, wird früher oder später gemacht!

Heute ist der Beruf des Schneiders aus kleinen Orten wie Brome längst verschwunden. Er ist dort in Vergessenheit geraten. Obwohl es überall Schneider gab, wird selbst in den Heimatmuseen kaum noch an sie erinnert. Das Heimatmuseum Burg Brome ist mit seiner historischen Schneiderwerkstatt eine lobenswerte Ausnahme.

Museum Burg Brome

Junkerende, 38465 Brome
www.museen-gifhorn.de (Museum Burg Brome)

Dieser Abschnitt wurde unter Abstimmung mit dem Museum Burg Brome erstellt. Das Museum zeigt in der im Jahre 2014 vollständig neu eingerichteten Ausstellung schwerpunktmäßig das alte Handwerk und die ländliche Selbstversorgung im Bromer Raum. Zu sehen sind in vollständig eingerichteten und funktionsfähigen Werkstätten Arbeitsvorgänge vom Rohmaterial und ersten Handgriff bis zum fertigen Produkt. Zu finden sind neben dem Schneider z. B. Schuhmacher, Sattler, Schmied, Klempner, Kupferschmied, Böttcher und Kiepenflechter.

Hinweise auf Museen mit Schneiderwerkstätten haben wir im Abschnitt „Die Entstehung einer einzigartigen Heimschneiderregion am bayerischen Untermain" zusammengestellt.

Literatur

Andreas Reucher: Handwerk im Raum Gifhorn-Wolfsburg im 19. Jahrhundert. In: Heimatkundliche Schriftenreihe „Wirtschaftsraum Gifhorn-Wolfsburg". Gifhorn 1995.

Otto C. J. Niemann: Schneider: Hohes Ansehen – niedriges Einkommen. In: Gott segne ein ehrbar Handwerk. Bielefeld 1985, S. 25-27.

Ruth Sprenger: Die Hohe Kunst der Herrenkleidermacher: Tradition und Selbstverständnis eines Meisterhandwerkes. Wien 2009.

In der dörflichen Schneiderwerkstatt

Zuschnitt ist Meisterkunst – Bügeln und nochmals bügeln
So stellt sich der Schneider die Figur seines Kunden vor

Über Jahrhunderte war die Ausübung des Handwerks nur zünftig organisierten Handwerkern in den Städten gestattet. Wachsender Bedarf und verbesserte ökonomische Verhältnisse in der Landwirtschaft erforderten ab Mitte des 17. Jahrhunderts die Ansiedlung von Handwerksbetrieben auch in den Dörfern. Durch Verordnungen ließ die Obrigkeit dies immer häufiger zu.

Zur ländlichen Schneiderwerkstatt gehört nicht viel: Ein Schneidertisch, eine Nähmaschine und ein Ofen zur Erhitzung der Bügeleisen. Und dazu natürlich die Schneiderschere.

Der klassische Arbeitsplatz des Schneiders ist der Schneidertisch. Auf ihm sitzt er über Jahrhunderte mit gekreuzten Beinen und setzt Stich an Stich. Neben ihm liegt sein Werkzeug: Nadel und Faden, Elle und Schere. Dieser Anblick ist der Bevölkerung so vertraut, dass sich bis heute jeder etwas unter einem Schneidersitz vorstellen kann. Mit der Nähmaschine ändert sich das Bild. Sie wird fortan Symbol des Schneiders.

Zuschnitt ist Meisterkunst

Die Arbeit des Schneiders beginnt mit dem Maßnehmen. Dazu benutzt er das Taillenmaßband, das eingehakt werden kann und so als Ausgangspunkt für die restlichen Messungen dient. Die Maße werden dann zur Erstellung des Schnittmusters auf Papier übertragen. Dann werden die Einzelteile aus dem Papier geschnitten, auf den Stoff aufgelegt und mit Kreide auf- oder abgezeichnet. Manchmal werden die Maße auch direkt übertragen.

Und dann beginnt das Herausschneiden der aufgezeichneten Einzelteile aus dem Stoff. Das Ganze wird Zuschnitt genannt. Dieser Zuschnitt ist seit eh und je die eigentliche „Meisterkunst". Er ist entscheidend für das Gelingen zu „Meisters Ehr". Wehe, der Zuschnitt stimmt nicht! Kein Wunder, dass es oft heißt: „Kinder betet, der Vater schneidet zu!"

Für den Zuschnitt braucht der Schneider die große Schere: Vorder-, Rücken- und Seitenteil, Ärmel, Vorder- und Hinterhose und viele Kleinigkeiten werden zu- oder herausgeschnitten. Die kleineren Scheren benutzt er für Feinarbeiten und zum Abschneiden der Fäden.

Eine Knopflochschere kommt erst nach der Jahrhundertwende auf den Markt. Mit ihr lässt sich die Größe des Knopfloches genau einstellen. Damit ist sichergestellte, dass alle folgenden Knopflöcher gleich groß sind. Zu Meister Jürgens Zeiten hat man das Knopfloch noch angezeichnet, mit der kleinen Schwere aufgeschnitten und dann mit feinen Handstichen umnäht.

Bügeln und nochmals bügeln
Nach dem Zuschnitt und Nähen ist noch viel zu tun. Eine wichtige Rolle spielt jetzt das Bügeleisen. Der Schneider braucht es zum Ausbügeln der Nähte der zusammengefügten Einzelteile, zum Formgeben oder Dressieren zum Beispiel des Vorderteils oder der Hose. Und natürlich braucht er es zum Abbügeln des fertigen Stückes. Achselholz, Kantenholz, Kragenholz und Pressplanke – alles ist zur Hand, um dem Stück Form zu geben. Auch das Elefantenei fehlt in keiner Werkstatt. Es ist ein Bügelkissen, das als Unterlagen beim Abbügeln und Abdämpfen dient. Das wesentlich kleinere Achselkissen wird zum Abbügeln unter die Achsel gehalten.

Das massive, voll aus Eisen gefertigte Bügeleisen kommt in erster Linie an kühlen Tagen zum Einsatz, weil die Werkstatt dann geheizt ist. Meistens hat der Meister einen Kachelofen mit ein oder zwei Röhren. Die Röhre über der Feuerstelle hat eine schwere Eisenplatte, auf die die Bügeleisen ohne Griff zur Erhitzung geschoben werden. Zum Bügeln wird das Eisen dann mit dem Griff arretiert und herausgeholt.

Wird nicht geheizt, arbeitet der Schneider mit dem Holzkohlebügeleisen. Es ist mit glühender Holzkohle gefüllt und wird immer wieder geschwenkt, damit Sauerstoff an die Glut kommt.

Mit der Schneiderbürste bürstet der Schneider die Kleidungsstücke aus. Die Rückseite der Bürste benutzt er, um die Feuchtigkeit aus dem dampfenden Stoff auszuklopfen, die beim Bügeln entsteht,. Die Bürste besteht übrigens aus Pferdehaaren, die in schweres massives Holz eingebunden sind.

So stellt sich der Schneider die Figur seines Kunden vor
Die Schneiderbüste wiederum dient dazu, das Kleidungsstück auf seine Passform – zunächst für die Anproben und später als fertiges Teil – zu überprüfen. So denkt sich der Schneider in die Figur seines Kunden. Viel Phantasie und Fingerspitzengefühl – auch ein Stück Schneiderkunst – sind bei dieser Arbeit erforderlich. Schließlich ist die Büste ja starr und nicht auf die Körperform des Kunden abänderbar.

Die Form der Schneiderbüste entspricht in etwa der des Durchschnittsmenschen. Erst um 1950 kommen Büsten auf den Markt, die sich auf die individuelle Körperform oder gängige Konfektionsgrößen einstellen lassen. Die ersten Büsten sind aus einem Rohr- oder Weidengeflecht auf einer Stange montiert. Viel später erst kommen Büsten aus Pappmaché, die mit feinem Leinen überzogen sind, auf den Markt.

Auch der Lumpenkasten gehört zur Schneiderwerkstatt. In ihn kommen die Reste. Natürlich werden sie weiterverwertet; denn sparsam waren die Schneider schon immer.

Dieser Abschnitt wurde gemeinsam erstellt mit Günther Bär, dem langjährigen Vorsitzenden des ehrenamtlich besetzten Vorstandes der ehemaligen Braunschweiger Kasse (gesetzliche Berufkrankenkasse des Bekleidungsgewerbes) sowie dem damaligen Vorstandsmitglied Heinz Zoll.

3. Kapitel

Die Kraft der schöpferischen Zerstörung

Von der genialen Idee, Fäden zu einem Gewebe zu verknüpfen - Erinnerungen an ein blühendes Textilgewerbe
in der Oberlausitz - Der Kleiderschrank der Welt steht in Helmbrechts
Wie der Fall von Zollschranken ein idyllisches Schwarzwaldtal verändert
Ein Streik, der in die Geschichtsbücher eingeht - Plauener Spitze: Im Sog des technischen Fortschritts
Wie ein gänzlich unbekanntes Walddorf zur deutschen Schuhmetropole wird
Die Entstehung einer einzigartigen Heimarbeiterregion am bayerischen Untermain
Moderne Stickereiproduktion: Der Kreativität sind keine Grenzen gesetzt

Schumpeters „schöpferische Zerstörung"

Schumpeters „schöpferische Zerstörung" - Der dynamische Unternehmer tritt auf
Technologietransfer mit einer „Nacht- und Nebel-Aktion" - Strukturwandel, immer wieder Strukturwandel
Die Schattenseite der industriellen Revolution - Die Arbeiterbewegung entsteht – Widerspruch durch die
Arbeiterführer- „Donnerwetter, diese Schneider!" –... und dann das Ende

Die Herstellung von Textilien und Bekleidung gehört zu den ältesten Tätigkeiten des Menschen. Sie beginnt mit der genialen Idee, Fäden zu einem Gewebe zu verknüpfen. Über Jahrtausende wird diese Technik weiterentwickelt. Dabei werden immer wieder bewährte Techniken durch bessere ersetzt. Was gestern noch erfolgreich war, kann heute schon überholt sein. „Schöpferische Zerstörung" heißt das durch den Ökonomen Joseph A. Schumpeter geprägte populäre Schlagwort dieser Entwicklung: Alte Strukturen müssen verdrängt werden, damit Fortschritt stattfinden kann.

Der dynamische Unternehmer tritt auf

Auf diese Weise wird die Textilindustrie im 19. Jahrhundert in Deutschland zu einem der wichtigsten Wirtschaftszweige. Mit ihr beginnt die industrielle Revolution. Wir schildern anhand von Beispielen, wie der dynamische Unternehmer mit der Kraft der schöpferischen Zerstörung bis dahin ungeahnte Energien freisetzt und große Märkte erobert. Selbst traditionsreiche Handwerksberufe werden dabei rigoros weggefegt. Alte Fertigkeiten – und damit auch wertvolles Kulturgut – gehen so verloren. Dass das alles sehr traurig sein kann, haben wir in den letzten Jahrzehnten mit ihrem radikalen Strukturwandel in der gesamten Wirtschaft hautnah miterlebt.

Damals ist der Kapitalismus noch jung und dynamisch. Es ist eine Zeit des wirtschaftlichen Liberalismus, in der den Erfolgreichen fast alles erlaubt ist. Sie häufen riesige Vermögen an. Zuerst begegnen wir dem dynamischen Unternehmer in der Oberlausitz, in der es in kurzer Zeit gelingt, die komplizierte Damastweberei höchst erfolgreich einzuführen und sich auf neue Techniken umzustellen, als die lange Zeit bewährte Technik veraltet und nicht mehr wettbewerbsfähig ist. Bemerkenswert ist, dass dort im Gegensatz zu anderen Textilregionen noch heute Webstühle klappern. Kurzum: Die schöpferische Zerstörung gelingt dort immer wieder erfolgreich „vor Ort" – selbst über die Wirren der Wiedervereinigung hinaus.

Häufig allerdings findet der Fortschritt nach der schöpferischen Zerstörung anderswo statt. So beginnt jenseits des Kanals bereits Mitte des 18. Jahrhunderts die industrielle Revolution mit ihren sagenhaften Produktivitätssteigerungen. Die Deutschen sind den Engländern lange Zeit wirtschaftlich hoffnungslos unterlegen. Das Produktivitätsgefälle ist riesengroß. So können die Engländer zum Beispiel die damals so wichtigen Textilien zu immer niedrigeren Preisen anbieten. Da kommen die deutschen Handweber nicht mehr mit. Im Grunde genommen sind sie die ersten Opfer der Globalisierung.

Technologietransfer mit einer „Nacht- und Nebelaktion"

Es ist häufig schwierig, von dort diese neue Technik zu erwerben. Da die Briten ihren Wettbewerbsvorteil nicht verlieren wollen, wachen sie bald über sie wie über Staatsgeheimnisse. Jeder, der beim Spionieren überrascht wird, muss mit harten Strafen rechnen. Ausfuhrverbote für Maschinen und Werkzeuge werden erlassen. Facharbeitern wird die Auswanderung verboten. Trotzdem nehmen es viele Männer auf sich, vor Ort zu spionieren. Es wird heimlich importiert. Es werden heimlich Techniker abgeworben. Die Wirtschaftsgeschichte ist voll von abenteuerlichen Spionagegeschichten aus dieser Zeit. In ihr tauchen auch die Namen bekannter deutscher Unternehmer auf. Zu den prominentesten von ihnen zählen Alfred Krupp und Eberhard Hoesch.

Damals vollzieht sich ein gewaltiger Technologietransfer – teilweise mehr oder minder heimlich, ja illegal. Wie dem auch sei: Die Deutschen lernen schnell. Sie sind von den Möglichkeiten der neuen Technik fasziniert. Jetzt wird in Deutschland weiterentwickelt und weiterentwickelt und weiterentwickelt. So wird die deutsche Wirtschaft dann nach und nach wettbewerbsfähig.

Als Beispiel hierfür haben wir die Erfolgsgeschichte der weltberühmten Plauener Spitze ausgewählt. Dort beginnt der Technologietransfer mit einer „Nacht- und Nebel-Aktion". Wir zeigen, vor welchem Desaster die Plauener stehen, als ausländische Konkurrenz neue Techniken entwickelt, denen sie hoffnungslos unterlegen sind. Da gibt es nur eine Chance: Selbst diese Technik einsetzen. Und wenn sie nicht offiziell zu erhalten ist, muss sie eben heimlich erworben werden…

In den folgenden Kapiteln werden wir immer wieder sehen, dass es letztlich darauf ankommt, dass jemand die Initiative ergreift. Wir werden den dynamischen Unternehmer kennenlernen, der ehrgeizig und fasziniert von den Möglichkeiten der neuen Technik neue Wege beschreitet. Meistens bringt er dabei auch Kenntnisse, Beziehungen und Kapital aus seinem Elternhaus mit. Ohne all das ist es auch damals schwierig, neue Gedanken in die Tat umzusetzen. Das Bild, sich aus kleinen Verhältnissen zu Reichtum und Ansehen emporzuarbeiten, gehört in die Legendensammlung des Kapitalismus. Der berühmte „Tellerwäscher" schaff es auch damals meistens nicht, zum Millionär aufzusteigen

Strukturwandel, immer wieder Strukturwandel

Strukturwandel droht immer wieder und überall, die traditionelle Welt zu zerstören. Es kommt darauf an, sich dem Wandel anzupassen. Ein solcher Strukturwandel gelingt in Pirmasens, als dort nach Auflösung der Garnison die bisher Beschäftigung sichernden Aufträge ausbleiben. Das kleine Städtchen entwickelte sich sogar zur deutschen Schuhmetropole. Und doch ist auch dort eines Tages alles wieder vorbei.

Wir schildern zwei weitere bemerkenswerte Erfolgsgeschichten. Der Ablauf ist immer der gleiche: Ein imposanter Aufstieg und dann meistens doch irgendwann wieder der Zerfall. Manchmal gelingt es – wie in der Oberlausitz und in Pirmasens – mit der schöpferischen Zerstörung erst einmal mitzuhalten und sich am Markt durchzusetzen. Aber irgendwann ist dann doch Schluss. Dabei spielen auch und gerade wirtschaftspolitische und sogar weltpolitische Einflüsse eine große Rolle. Wir zeigen, wie sich einerseits die Absatzchancen durch den Deutschen Zollverein enorm vergrößern und andererseits durch die Folgen des Ersten Weltkrieges viele Auslandsmärkte verloren gehen. Und wir zeigen, wie sich über alle diese Veränderungen bis hin zu den mit der Wiedervereinigung verbundenen Problemen die „Plauener Spitze" immer wieder behauptet und sich heute mit völlig neuen Produkten Zukunftsmärkte erschließt. Bemerkenswert!

Die Schattenseite der industriellen Revolution

Zurück ins 19. Jahrhundert: Nach einem Spätstart schreitet die Industrialisierung in Deutschland mit schnellen Schritten voran. Damit bringt sie vielen Menschen Arbeit. Für andere dagegen hat sie Armut und Elend zur Folge. So verdienen die ohnehin schon jahrelang ausgebeuteten schlesischen Weber noch weniger, weil die Verleger die Preise gegenüber den mit moderner Technik hergestellten Waren konkurrenzfähig halten wollen – letztlich vergeblich. Gerhard Hauptmann hat die daraus resultierenden Weberaufstände von 1844 unter Benutzung historischen

Materials in seinem Drama „Die Weber" als Elendsrevolte dargestellt. Und Käthe Kollwitz hat sie in ihrem Grafikzyklus „Ein Weberaufstand" festgehalten. Wir kennen die bittere Realität auch aus den Aufzeichnungen über die schwere Kindheit von Karl May, der aus einer bitterarmen Weberfamilie in Sachsen stammt. 1842 geboren, erblindete der Säugling infolge von Unterernährung und – bedingt durch die damals katastrophalen Wohnverhältnissen der Heimweber - mangelnder Hygiene. Neun seiner 13 Geschwister sterben noch im Kindesalter.

Aber auch die Welt der Arbeiter sieht düster aus. Aus der vorindustriellen Gesellschaft kommend, fällt es ihnen häufig schwer, sich an den neuen Lebensrhythmus zu gewöhnen. Kein Wunder: In Crimmitschau werden wir sehen, wie deprimierend dieser Alltag ist. Außerdem zeigen wir, wie ein Unternehmer im Wiesental im Schwarzwald die Arbeiter damals mit einer strengen Fabrikordnung und Strafandrohungen in die neue Lebensweise zwingt.

Die Arbeiterbewegung entsteht
Kurzum: Das Volk trägt die Last der Industrialisierung. In den Fabriken wird bis zu 15 Stunden täglich zu einem kärglichen Lohn gearbeitet. Das ist die Kehrseite dieser Entwicklung. Klar, dass dieses Elend nicht widerspruchslos hingenommen wird. In dieser Zeit gibt es nämlich nicht nur den dynamischen Unternehmer. Es treten jetzt auch Männer und Frauen auf, die sich über die Lebens- und Arbeitsbedingungen der Arbeiter empören und sich leidenschaftlich für Verbesserungen einsetzen. Sie bilden die Gegenmacht. Die Arbeiterbewegung entsteht. Trotzdem tut sich die Gesellschaft schwer, die sozialen Probleme der Industrialisierung zu lösen. Man kommt nur mühsam voran.

Die Ursachen liegen vor allem darin, dass den Unternehmern in jener Zeit des wirtschaftlichen Liberalismus fast alles erlaubt ist. Die die vorindustrielle Gesellschaft prägende soziale Verantwortung gibt es für sie nicht. Und doch gibt es Unternehmer, die in patriarchalischer Fürsorge etwas für die Verbesserung der wirtschaftlichen und sozialen Situation ihrer Arbeiter tun, und zwar in einem heute kaum mehr vorstellbaren Ausmaß. Das populärste Beispiel hierfür ist die legendäre soziale Sicherung in der „Familie der Kruppianer" – allerdings mit dem Anspruch des Patriarchen, sich ohne Widerspruch anzupassen. Wir zeigen, dass das so auch in großen Textilbetrieben üblich war.

Der Staat sieht lange Zeit nur zu. In der ersten Hälfte des 19. Jahrhunderts versteht er sich – so Ferdinand Lassalle spöttisch - weitgehend nur als „Nachtwäch-terstaat", der für Ruhe und Ordnung zu sorgen hat. Zum Beispiel als es bei den schlesischen Webern 1844 zu Aufständen kommt und die Fabrikanten die Polizei (bzw. das Militär) zur Hilfe rufen. Dabei ist es nicht so, dass man die brennenden sozialen Probleme einfach übersieht oder ignoriert. So schildert Golo Mann in seiner „Deutschen Geschichte des 19. und 20. Jahrhunderts", dass König Friedrich Wilhelm IV, der das Militär schickt und die Aufstände niederschlagen lässt, in Wirklichkeit von dem Elend entsetzt ist, über das man ihm berichtet. Der König spendet daraufhin für die Weber. Und auch wohltätige Vereine bemühen sich. Golo Mann kommt letztlich zu dem Schluss, dass das, was hier wirklich vorgeht und wirklich not täte, unbegriffen bleibt. Damals fühlt sich der Staat primär nur für den Schutz der persönlichen Freiheit und des Eigentums zuständig. Erste zaghafte Ansätze einer Sozialpolitik gibt es in Preußen zwar mit dem Jugendarbeitsschutzgesetz von 1839 und der Gewerbeordnung von 1845. Allerdings ist der Weg noch weit. Aber seien wir nicht überheblich: Auch die heutige reiche westliche Gesellschaft ist mit Problemen wie Jugendarbeitslosigkeit und Altersarmut bisher nicht fertig geworden. Auch sie kennt diese Probleme und auch sie bedauert sie. Aber auch sie löst sie nicht. Bisher jedenfalls nicht. Das alles erinnert ein wenig an die Hilflosigkeit Friedrich Wilhelms im 19. Jahrhundert.

Widerspruch durch die Arbeiterführer

Es liegt auf der Hand, dass das Elend der Arbeiter nicht widerspruchslos hingenommen wird. So gibt es in dieser Welt nicht nur den dynamischen Unternehmer, der der Industrialisierung den Weg bahnt. Es treten jetzt auch Frauen und Männer auf, die sich über die Lebens- und Arbeitsbedingungen der Lohnarbeiter empören und sich leidenschaftlich für Verbesserungen einsetzen. Sie bilden die Gegenmacht. Die Geschichte der Industrialisierung ist denn auch untrennbar mit ihren Namen verbunden. Kurzum: Die Arbeiterbewegung mit ihren unterschiedlichsten Vorstellungen und Aktivitäten entsteht. „Überwindung der Massenelends" wird zu ihrem Schlachtruf. Das führt dann auch dazu, dass sich der Staat ab Mitte des 19. Jahrhunderts nach und nach aus seiner Nachtwächterrolle löst und soziale Verantwortung übernimmt.

Im Textil- und Bekleidungsgewerbe ist eine dieser Persönlichkeiten Josef Motteler. Er wird 1863 Führer der Crimmitschauer Arbeiterschaft. Wir werden ihm in einem der nächsten Abschnitte begegnen. Ein weiterer ist unter ganz anderen Bedingungen der gelernte Schneider Hugo Karpf, der sich ein Leben lang als Gewerkschaftler und Abgeordneter für die nicht im Licht der Öffentlichkeit stehenden Heimarbeiter einsetzt. Ohne Menschen wie ihn hätte sich kaum jemand für deren elende Lage interessiert. Das ist heute nicht anders als damals.

Die Arbeiterbewegung setzt sich mit der sozialen Bewältigung der Industrialisierung auseinander und ist auf die Dauer auch erfolgreich. Vergeblich dagegen ist es, sich gegen den technischen Fortschritt anzustemmen, um ihn aufzuhalten. Das zeigen wir mit einem Blick auf die Aufzeichnungen der Politikerin Luise Zietz über den Kampf ihres Vaters – eines stolzen Heimwebers –

gegen die Konkurrenz der entstehenden Textilindustrie in Neumünster im 19. Jahrhundert. Es ist aussichtslos. Er hat keine Chance!

Auch Luise Zietz gehörte zu den von dieser Zeit geprägten Persönlichkeiten der Arbeiterbewegung. Sie kennt den Alltag der Handwerker und Arbeiter aus eigenem Erleben und weiß ihn der Öffentlichkeit und im politischen Raum wirkungsvoll darzustellen. Weil sie eine sehr begabte Rednerin ist, wird sie „der weibliche Bebel" genannt. Kurzum: Die Arbeiterbewegung wird von bemerkenswerten Frauen und Männern geprägt, die deshalb wie die Unternehmer in unsere Darstellung gehören.

„Donnerwetter, diese Schneider!"

Während die Textilfabriken häufig von Anfang an Großbetriebe mit hunderten von Arbeitern sind, hat die Weiterverarbeitung des Tuches durch den Schneider und später in der Bekleidungsindustrie nie solche Ausmaße angenommen. Lange Zeit findet sie noch in der kleinen dörflichen und städtischen Welt statt. Dann verdrängt die industrielle Fertigung von Bekleidung viele Schneider. Wir schildern, wie der Schneider Johann Desch aus Aschaffenburg den Weg von der Maßkleidung zur Kleidung von der Stange ebnet. So entwickelt sich innerhalb weniger Jahrzehnte eine Notstandsregion zum Zentrum der deutschen Bekleidungsindustrie. Damit allerdings bleiben beim klassischen Schneider die Aufträge aus. Es zeigt sich entsprechend auch hier: So wie die einen neue Arbeitsplätze gewinnen, verlieren andere ihre Arbeit – auch wenn sie sich noch so sehr dagegen wehren und sich einschränken oder sogar die neuen Maschinen zerstören. Es nützt alles nichts. Die schöpferische Zerstörung ist nicht aufzuhalten.

Es bleiben wenige klassische Schneider, die sich in einer Nische behaupteten. Auch sie setzen immer modernere Maschinen ein und profitierten von der Arbeitsteilung. Einer von ihnen ist der Herrenschneider Willy Staben aus Hamburg, der in den 30er-Jahren des 19. Jahrhunderts den Begriff „Rationalisierung" bei den verbliebenen klassischen Schneidern populär macht und über Jahrzehnte viel zur Rationalisierung in den Schneiderstuben beiträgt. Otto Niemann von der Fachhochschule Bielefeld hat viele dieser Schneider in einer umfangreichen Serie in der Mitgliederzeitschrift der Berufskrankenkasse des Bekleidungsgewerbes in den 80er- und 90er-Jahren in Portraits vorgestellt.

Faszinierend ist auch, wie schließlich in modernen Kleiderfabriken die einzelnen Teile der Kleidung unabhängig voneinander maschinell zugeschnitten und dann wie am Fließband der Automobilindustrie zum fertigen Produkt – dem Jackett oder der Hose – zusammengeführt und genäht werden. Und das auf Wunsch des Kunden auch individuell angepasst an seinen Körper. Dabei nimmt der Herrenausstatter vor Ort zuerst elektronisch Maß. Daraufhin werden die

Messdaten an eine Kleiderfabrik übermittelt, die dann danach das Kleidungsstück im Rahmen ihrer Fließbandorganisation produziert. Das ist Maßkonfektion. Technischer Fortschritt entsteht insofern nicht nur durch immer bessere Maschinen, sondern auch und gerade durch verbesserte Arbeitsabläufe. Wir werden dies in Crimitschau sehen.

Gerne erinnern uns bei solchen Schilderungen an den vor einigen Jahren verstorbenen Schneider Otto Wegener aus Hamburg, der nach Gesprächen über Rationalisierungen und Produktgestaltung im Bekleidungsgewerbe immer stolz feststellte: „Donnerwetter, diese Schneider!"

Faszinierend ist auch die moderne Produktion von Stickereien. Die Stichworte heißen „einscannen" und „digitalisieren". Wir schildern, wie das heute mit wenig Aufwand geschieht - dabei aber besser und genauer als es früher die beste Stickerin konnte.

... und dann das Ende

Und trotzdem: Trotz aller Modernisierung und technischer Aufgeschlossenheit hat die Globalisierung das deutsche Textil- und Bekleidungsgewerbe in die Knie gezwungen. Als Produktionsstandort spielt Deutschland keine Rolle mehr. Fast alle verbliebenen Unternehmen lassen im Ausland produzieren. Und das nicht, weil sich im Prozess der schöpferische Zerstörung international die produktivsten Betriebe durchsetzten, sondern weil dieser Wettbewerb durch Niedrigstlöhne, Staatssubventionen und menschenunwürdige Arbeitsbedingungen verzerrt wird --- bis hin zu den Näherinnen aus Bangladesch, Indonesien und anderen Schwellenländern, deren Löhne kaum für das tägliche Leben reichen. Die Stichworte heißen dort „Gesundheitsschäden", „Schikanen", „erzwungene Überstunden" und „Umweltverpestung". Ab und zu geraten diese Verhältnisse kurz in die Schlagzeilen – zum Beispiel als in 2013 Bangladesch eine Textilfabrik brennt und dabei mehr als 100 Menschen sterben. Eine Auswirkung auf das Kaufverhalten allerdings hat das alles nicht. Und das gilt nicht nur für Billigwaren. Auch Premiumwaren werden häufig unter schlechten Arbeitsbedingungen hergestellt. Bekanntestes Musterbeispiel hierfür ist der hochpreisige Technologiekonzern Apple, der deshalb in die Kritik geriet – so wie immer wieder die Bekleidungshersteller.

Trotzdem ist ein „Weg zurück" kaum noch denkbar. Der mit den generationenlangen Kenntnissen und Fähigkeiten der Beschäftigten verbundene frühere Standortvorteil ist verloren gegangen. So stellt Adidas-Chef Herbert Hainer für die Schuhkonfektion fest, dass fast das gesamte Know-how inzwischen nach Asien abgewandert ist, so dass man es auch „nicht so ohne Weiteres zurückholen" kann.

Der Autor hat diesen Prozess über Jahrzehnte als Leiter der gesetzlichen Berufskrankenkasse des Bekleidungsgewerbes (Braunschweiger Kasse in Hamburg) selbst miterlebt. Seit 1974 hat er Jahr für Jahr viele Bekleidungs- und Textilbetriebe besucht und vor Ort mit den Beschäftigten sowie den Inhabern über deren Arbeitswelt und den Globalisierungsdruck gesprochen. Und er hat insbesondere mit Schneidern und Näherinnen in der Selbstverwaltung ihrer Berufskrankenkasse zusammengearbeitet (einer von ihnen war Otto Wegener). Daraus sind dann – auch in Zusammenarbeit mit vielen Museen – die Darstellungen in diesem Buch entstanden.

Da im Bekleidungsgewerbe in Deutschland immer weniger Menschen beschäftigt sind, war auch das Ende ihrer 1874 gegründeten Berufskrankenkasse nicht mehr aufzuhalten. 1996 wird sie von der großen Deutschen Angestellten-Krankenkasse DAK „übernommen". Zwei Jahre später löst sich dann auch die traditionsreiche Gewerkschaft Textil-Bekleidung auf und schließt sich der IG Metall an.

Von der genialen Idee, Fäden zu einem Gewebe zu verknüpfen

Das Urbild – Die Entwicklung des Webgerätes – Das Maschinenzeitalter beginnt
Der aussichtslose Kampf des Handwerks

Webgeräte gehören zu den ältesten technischen Erfindungen des Menschen. Ihre Entwicklung demonstriert eindrucksvoll seinen immerwährenden Einfallsreichtum. Die ältesten überlieferten Gewebe reichen rund 6.000 Jahre zurück. Und selbst sie sind so vollkommen, dass wir nicht sagen können, ob das alles mit ihnen begonnen hat. Fest steht: Mit ständig neuen Einfällen hat der Mensch über die Jahrtausende immer bessere Techniken und Geräte entwickelt.

Das Urbild
Das Urbild aller textilen Gewebe ist der geflochtene Zaun. Vergleiche zu Kette und Schuss des späteren Webstuhls drängen sich bei seinem Anblick selbst dem Laien sofort auf. Der Mensch hat schon früh erkannt, dass er durch eine derartige Verkreuzung von elastischem Material vielseitig nutzbare Flächen schaffen kann. Ruten, Schilf oder Binsen werden ihm dabei als erstes Material gedient haben. Er

wird sie als schützenden Zaun, als Flechtwand beim Hausbau, für Körbe und Taschen, zur Herstellung von Schürzen und Gurten und anderen nützlichen Dingen verwandt haben. Scheinbar endlos sind dann im Laufe der Jahrtausende die Zahl der Varianten in Werkstoff und Form. Sie reichen von versponnenen Agavenfasern über Seide bis hin zu den Kunstfäden unserer Tage. Welch ein Reichtum an Schöpfungskraft!

Die Entwicklung des Webgerätes

Anfangs geht es zunächst einmal darum, zum Spannen der Kette irgendeine Vorrichtung zu schaffen. Allein die Vielseitigkeit der erdachten Webgeräte ist erstaunlich. Für das Öffnen des Webfaches und das Einsetzen des Schussfadens gibt es an den ersten Webvorrichtungen noch keine Hilfsmittel. Ganz allein die Finger vollbringen diese Arbeit. Deshalb spricht man von „Fingerweberei".

Der nächste Entwicklungsschritt lässt nicht lange auf sich warten: Der Mensch ersinnt zeitsparende Hilfsmittel. Er erkennt nämlich, dass bei einer einfachen Bindung von Kette und Schuss zum Webfach immer die gleichen Fäden getrennt werden müssen – nämlich die der geraden von den ungeraden. Entsprechend kommt er auf den Gedanken, diese beiden Gruppen mit einem Stab voneinander zu trennen. Das spart enorm Zeit! Man nennt diese Gruppe deshalb „Griffweberei".

Weil die Nachfrage nach Textilien immer mehr zunimmt, ist der Anreiz für weitere Verbesserungen groß. Im frühen Mittelalter – als sich die Weberei in Mitteleuropa zum reinen Handwerk entwickelt – entsteht der „Trittwebstuhl". Er ermöglicht die Fachbildung durch Schäfte, die der Weber mit seinen Füßen bewegt. Damit werden die bisher überlasteten Hände für die reine Webarbeit frei. Das erhöht die Arbeitsgeschwindigkeit enorm.

Die Entwicklung geht weiter. Weil der Markt Muster verlangt, wird der „Zugwebstuhl" entwickelt: Das Fach wird mit Hilfe von Zugschnüren geöffnet, in die die Kettfäden einzeln oder in Gruppen eingezogen sind. Mit ihnen lässt sich jetzt jede Art von Mustern weben.

Das Maschinenzeitalter beginnt

Beim Jaquardwebstuhl (wir werden seinen Einsatz im nächsten Abschnitt kennenlernen) werden die mechanischen Bewegungen zwar noch vom Weber ausgeführt. Das sich vielfältig ändernde Fach wird jedoch bereits mittels Lochkarten gebildet. Es ist nicht zu übersehen: Die faszinierende Technik drängt sich in den Vordergrund. Das Maschinenzeitalter beginnt – und es beginnt nicht zufällig in der Textilindustrie. Damit zeichnen sich aber auch die Schatten des frühen Kapitalismus ab. Die Preise für Textilien sinken. Dadurch reicht das

Einkommen des nach wie vor handwerklich ausgerichteten Hauswebers jetzt kaum noch zum Leben. Proteste und Maschinenstürmerei stehen auf der Tagesordnung. Aber wie sich schon die Kollegen des Meisters Friedrich nicht gegen die Konfektionsbetriebe wehren können, so sind auch die Hausweber machtlos der neuen Entwicklung ausgeliefert. Für viele drängt sich deshalb die Frage auf, was der mit dem Fortschritt gewonnene Wohlstand unter diesen Umständen eigentlich wert ist – eine Frage, die die Menschen bis heute bewegt, wenn das Althergebrachte durch schöpferische Zerstörung in Trümmern geht.

Heute wissen wir, dass es bei der Beantwortung dieser Fragen letztlich nicht um das Für und Wider des technischen Fortschritts geht. In Abwandlung zu Friedrich Dürrenmatts Feststellung in seinen Physikern: „Was einmal gedacht wurde, kann nicht mehr zurückgenommen werden" bleibt insofern nur festzustellen: Wenn wirtschaftlichere Techniken erst einmal entwickelt und auf dem Markt sind, droht schöpferische Zerstörung. Entscheidend ist die Beherrschung des Wandels. Und dazu gehören die Arbeitsbedingungen und die soziale Absicherung der von dieser Entwicklung Betroffenen. Weil das in der ersten Phase der Industrialisierung nicht gelingt, dichtet Heinrich Heine kurz nach dem Weberaufstand von 1844 sein Gedicht „Die schlesischen Weber" mit der bekannten Zeile „Deutschland, wir weben dein Leichentuch":

„Im düstern Auge keine Träne,
Sie sitzen am Webstuhl
Und fletschen die Zähne:
Deutschland, wir weben dein Leichentuch,
Wir weben hinein den dreifachen Fluch.
Wir weben, wir weben!"

Aber beherrschen wir die Entwicklung in Europa heute wirklich so viel besser? Fast die Hälfte aller Jugendlichen in Spanien ist heute arbeitslos, dicht gefolgt von Griechenland. In Italien werden fast 30 Prozent verzeichnet und selbst in Frankreich über 20 Prozent. Im reichen Deutschland geht das Gespenst der Altersarmut um: Obwohl das Sozialprodukt steigt und die Bevölkerungszahl sinkt, soll es für die Menschen im Alter nicht mehr möglich sein, ihren Lebensstandard auch nur einigermaßen zu halten!? Und das trotz eines nie gekannten Wohlstandes, trotz Demokratie, trotz fast grenzenloser Informationen, trotz zahlreicher Wissenschaftler, die sich fortwährend mit dieser Materie befassen! Hüten wir uns deshalb vor einer überheblichen Betrachtung der sozialen Zustände im 19. Jahrhundert!

Der aussichtslose Kampf

Die 1865 in Bargteheide geborene Politikerin Luise Zietz, die von klein auf in der Heimweberei ihres Vaters mitarbeiten muss und dort bittere Armut erlebt, schildert dessen aussichtslosen Kampf gegen die Industrialisierung. Sie schreibt: „Der Vater, arg stolz auf sein Zunftmeistertum, führte einen hoffnungslosen und deshalb schmerzlichen Kampf gegen die moderne Textilindustrie. In nächster Nähe ... waren ... große mechanische Spinnereien und Webereien entstanden. Die modernen Maschinen – mit Dampf betrieben – schufen eine Fülle von Garn und Stoffen, die sie weit billiger herstellen, als der Vater sie durch seinen Handbetrieb liefern konnte. Und wenn er auch einstweilen noch Arbeitsaufträge genug von der Landbevölkerung der ganzen Umgebung erhielt, die durch die eigene Schafzucht und den Flachsanbau die Rohmaterialien zu liefern imstande waren, so konnte er dank der Konkurrenz doch nur geringe Preise für seine Arbeit fordern..."

Neumünster war bis vor wenigen Jahrzehnten eine bekannte Tuchmacherstadt. 1824 entsteht dort die erste Fabrik mit Dampfkraft, weitere folgten. Damit verlagert sich die Arbeit in die Fabriken. Es vollzieht sich die Trennung von Wohnung und Arbeitsplatz. Das Tuchmachergewerbe verliert seinen Handwerkscharakter. Es wird zur Industrie. Aber auch dieses Kapitel ist längst abgeschlossen, - so wie überall. In Neumünster gibt es keine Textilindustrie mehr. Und in Deutschland gibt es nur noch wenige Textilbetriebe.

Museum Tuch + Technik

Kleinflecken 1, 24534 Neumünster – www.tuch-und-technik.de

Dieser Abschnitt wurde verfasst unter Abstimmung mit dem Textilmuseum Neumünster (geschlossen 2002) und wird verwandt im Einverständnis mit dem Museums Tuch + Technik Neumünster, das 2007 im Stadtzentrum eröffnet hat. Das Museum zeigt Textilgeschichte und die damit verbundene Industriegeschichte, die am Beispiel Neumünsters lebendig vermittelt wird. Der Besucher kann auf 2000 Quadratmetern durch fast 2000 Jahre Geschichte wandern. Ein Teil der historischen Maschinen wird regelmäßig vorgeführt. Einmal in der Woche erklären Handwebmeisterinnen den Besuchern das Jahrtausende alte Handwerk direkt am Webstuhl. Medienstationen zeigen Lehrfilme und Interviews mit Neumünsteraner Textilarbeitern und –fabrikanten.

Literatur:

Tuch + Technik (Hrsg.): Leben und Weben in Neumünster. Neumünster 2007.

Gisela Notz: Alle, die ihr schafft und euch mühet im Dienste anderer, seid einig! Luise Zietz, geb. Körner (1865-1922). In: Jahrbuch für Forschungen zur Geschichte der Arbeiterbewegung. 2003, S. 135-149.

Gisela Notz: Luise Zietz (1865-1922): Die Kräfte sammeln. In: 100 Jahre Frauenwahlrecht in Europa. Bonn 2006, S. 40

Fritz Metzinger: Vierhundert Jahre am Webstuhl der Zeit. Die Geschichte d. J. J. Marx GmbH. Frankfurt/Main 1985.

Claus P. Clasen: Weben in schwerer Zeit: Das Augsburger Textilgewerbe im 19. Jahrhundert. Augsburg, 2006.

Claus P. Clasen: Die Hofer und Bamberger Textilindustrie von 1800-1920 im Vergleich. München 2013.

Hans-Werner Hahn: Die industrielle Revolution in Deutschland. Berlin 2011.

Erinnerungen an ein blühendes Textilgewerbe in der Oberlausitz

Der Produktionsfaktor Arbeit als Standortvorteil – Schöpferische Zerstörung – Die nächsten Erfolgsgeschichten – Neue Horizonte

Wer das Deutsche Damast- und Frottiermuseum in Großschönau besucht, wird fast zwangsläufig mit einer faszinierenden Erfolgsgeschichte aus dem 17. Jahrhundert konfrontiert. Da schickt der Zittauer Rat zwei Leineweber nach Holland, damit sie sich dort die komplizierte Technik der Damastweberei aneignen. Es sind dies die Brüder Friedrich und Christoph Lange. 1666 kehren die beiden zurück, natürlich mit den entsprechenden Kenntnissen und Fertigkeiten und natürlich auch voller Tatendrang. Wie beabsichtigt, führen sie noch im selben Jahr die Damastweberei in Großschönau ein. Und das schier Unglaubliche geschieht: Schon nach wenigen Jahrzehnten ist die hier hergestellte Tafelwäsche aus Leinendamast überall in Europa bekannt und begehrt. Selbst europäische Herrscherhäuser beziehen ihre Tischwäsche aus diesem Dorf in der Oberlausitz.

Die Zahl der Webstühle in Großschönau steigt und steigt. Auf dem Höhepunkt dieser Entwicklung sind hier fast eintausend Webstühle in Betrieb. Es gibt keinen

Ort in Deutschland, in dem so viel und über eine so lange Zeit Damast hergestellt wird wie hier.

Drei Viertel der Bevölkerung leben damals von der Damastmanufaktur. Das ist nicht verwunderlich, weil das anspruchsvolle Handwerk eine ganze Reihe unterschiedlicher, teils hoch spezialisierter Tätigkeiten verlangt. So zeichnet der Mustermaler das Muster auf kleinkariertes Papier, die sogenannte Musterpatrone. Der Mustermacher überträgt diese Zeichnung dann in den aus Schnurenbündeln bestehenden Lätzezug (oder Zampel). Am Damastwebstuhl selbst arbeiten immer mindestens ein Zieher und ein Weber. So sind neben Damastwebermeistern, Damastwebergesellen und Lehrlingen Zieher, Treter, Musterzeichner, Mustermacher, Blattsetzer, Blattbinder und Stuhlbauer im Einsatz.

Der Produktionsfaktor Arbeit als Standortvorteil

Natürlich hat sich der „Standort Oberschönau" nicht zufällig ergeben. Als die Brüder Lange nach Holland reisen, wird in der Oberlausitz schon seit über hundert Jahren Leinen für den Markt produziert. Für viele Menschen, die in der Landwirtschaft keine Arbeit finden, ist die Leinenweberei zur Existenzgrundlage geworden. So stehen überall in den Zittauer Ratsdörfern Webstühle. Schon damals ist Großschönau ein ausgesprochenes Weberdorf.

Die Zittauer Ratsherren wissen also genau, was sie wollten: Sie wollen neue Techniker in die Oberlausitz holen und sich mit den über Generationen erworbenen und weitervererbten Kenntnissen und Fertigkeiten der zahlreichen Weber neue Märkte erobern. Damit haben sie dann auch bis ins 19. Jahrhundert hinein enormen Erfolg.

Alte Technik neu erfunden

Um diese Stellung abzusichern, wird das Wissen um die Damastherstellung durch eine strenge Damastweberordnung geheim gehalten. Die Damastweberei wird sogar durch den sächsischen Kurfürsten August der Starke zum Wirtschaftsgeheimnis erklärt. Das ist damals keineswegs ungewöhnlich. So ist die Geheimhaltung neuer Techniken in England während der industriellen Revolution nicht außergewöhnlich. Wir werden das auch im Abschnitt über die Geschichte der Plauener Spitze sehen.

Die Folgen der strikten Geheimhaltung bekommen 1981 ein Textilingenieur und ein Webmeister des VEB Frottana zu spüren, als sie einen nicht mehr funktionstüchtigen alten Damastwebstuhl für das Museum wieder in Betrieb setzen wollen. Das ist nämlich gar nicht so einfach, weil sie keinerlei Dokumente über die damalige Technik vorfinden. So bleibt ihnen nichts anderes übrig, als die komplizierte Damasttechnik zum Teil neu zu erfinden.

1986 ist es dann soweit: Am Damastwebstuhl kann wieder gearbeitet werden. Jetzt kann ein anspruchsvolles Originalmuster von 1835 – ein Jagdmotiv – handgezogenen gewebt werden. Schließlich will man zeigen, was die Großschönauer Damastweber einmal konnten...

Die Kraft der schöpferischen Zerstörung

Aber zurück zur Erfolgsstory: Natürlich ist auch sie irgendwann zu Ende. Trotz des Fleißes der Weber, trotz dynamischer Unternehmer und trotz aller Geheimhaltungsbemühungen kommt es zur schöpferischen Zerstörung. So gibt es seit dem frühen 18. Jahrhundert Versuche, die komplizierte Damastweberei zu vereinfachen. 1805 ist es dann soweit: In diesem Jahr gelingt dem Franzosen Joseph Marie Jacquard durch wesentliche Verbesserungen der Vorläufermaschinen der Durchbruch mit der nach ihm benannten Jacquardmaschine. Mit ihr können jetzt endlose Muster mechanisch hergestellt werden. Dazu tastet die Jacquardmaschine aneinandergereihte Lochkarten ab und steuert auf diese Weise die Kettfadenhebung. Damit ist die Jacquardmaschine als erste programmierbare Maschine der Grundstein moderner Automatisierung.

In Großschönau wird die Jacquardmaschine erst 1834 eingesetzt. An der Produktionsgeschwindigkeit allerdings hat sich nichts geändert. Noch immer kann ein Damastweber je nach Art des verwendeten Garns und seiner Stärke maximal 20 cm Gewebe am Tag herstellen. Damit bleibt der mit der Jacquardmaschine handgewebte Damast noch immer ein exklusives Gewebe. Erst die Einführung der mechanischen Webstühle in Fabriken – 1856 in Großschönau – läutet das Ende der in Heimarbeit hergestellten handgewebten Damaste ein. Kurzum: Nicht die Jacquardmaschinen, sondern die Einführung der mechanischen Webstühle in den örtlichen Fabriken und Webereien beendet die Damastweberei. Gegen sie kommt man mit manueller Arbeit nicht an.

Vorbei! Wer kauft schon Handgewebtes, wenn mechanisch hergestellte Gewebe in gleicher Qualität und Schönheit wesentlich günstiger zu haben sind? Der Markt ist erbarmungslos. Mit der Auflösung der Innung hört die klassische Damastweberei 1873 in Großschönau praktisch auf. Mit der Hände Arbeit ist gegen die modernen Maschinen nicht anzukommen. Jetzt wird nur noch auf mechanischen Webstühlen produziert.

Die nächsten Erfolgsgeschichten

Die Jahr 1856 bringt dann eine weitere markante Neuerung. In diesem Jahr wird nämlich der erste Frottierhandwebstuhl in Großschönau in Betrieb genommen. Nachdem man zunächst noch in kostenintensiver Hausweberei produziert hatte, nutzt man nun zügig die technischen Neuerungen.

Jetzt werden Handtücher und Bademäntel zum wichtigsten Erzeugnis ihrer Textilproduktion. Großschönau wird zu einem Zentrum der Frottierindustrie und wird es weit über hundert Jahre lang bleiben. In der DDR kommen alle Frottierwaren aus der „Frottana", deren Hauptwerk sich in Großschönau befindet. Und dann kommt das Jahr 1989. Wiedervereinigung und Übergang zur Marktwirtschaft.

Aber halt: Auch damit ist die Erfolgsgeschichte noch längst nicht zu Ende. Heute stellt Frottana mit rund 230 Beschäftigten eine große Auswahl an Frottiertüchern, Bademänteln und Badeteppichen in verschiedenen Markenqualitäten und Designen her. So wird in drei Grundqualitäten unterschieden, und zwar in Walkfrottier, Zwirnfrottier und Verloursfrottier. Walkfrottier ist sehr weich und flauschig. Seine duftige Fülle verdankt es lockeren Schlingen aus weichen Garnen. Sein Vorteil ist die hohe Saugfähigkeit. Zwirnfrottier ist fest im Griff. Durch gezwirnte Schlingenfäden hat es einen hohen Massageeffekt. Veloursfrottier hat eine samtweiche Oberfläche, da die Schlingen aufgeschnitten sind. Es gehört zu den wertvollsten Frottierarten.

Neue Horizonte
Auch technisch geht es weiter: Frottana ist der weltweit erste Frottieranbieter mit einer innovativen und völlig neuen Textildrucktechnik. Mit ihrer hochmodernen Digitaldruckmaschine kann in nahezu unbegrenzter Farbvielfalt in den unterschiedlichsten, bisher nicht umsetzbaren Abmessungen produziert werden. Von einfachen bis hin zu fotorealistischen Motiven. Als Grundqualitäten werden edle Veloursware sowie innovative Kurzschlingqualitäten umgesetzt.

Deutsches Damast- und Frottiermuseum
Schenaustraße 3, Großschönau – www.ddfm.de

Dieser Abschnitt wurde in Abstimmung mit dem Deutschen Damast- und Frottiermuseum erstellt. Das Museum zeigt die Ortsgeschichte, bürgerliche Wohnkultur, die Lebensweise der Weber und vor allem die Entwicklung der Weberei in Großschönau. Funktionstüchtige Webstühle und einmalige Damaste aus drei Jahrhunderten sind die Attraktion des Hauses.

Literatur
Maren Raetzer: Damast aus Großschönau: Die Produktionsstätte und die dort gewebten Kunstwerke vom 17. bis zum 19. Jahrhundert. Hamburg 2003.
Festschrift zur Eröffnung des Deutschen Damast- und Frottiermuseums. Großschönau 1996.
Paul Weigelt: Die Firma Julius Lange. Zur Entwicklung des Unternehmens von 1860 bis 1949. Ein Beitrag zur Geschichte des Textildorfes Großschönau 2013.
Frank Nürnberger: Geschichte der Oberlausitzer Textilindustrie. Spitzkunnerdorf 2007.

Der Kleiderschrank der Welt
steht in Helmbrechts

Erfolgreiche Wirtschaftspolitik – Der dynamische Unternehmer – Flexibilität durch das
Verlagssystem
Abhängigkeit von der „großen Politik"

Im Juni 1931 staunen die Besucher der Frankenwaldausstellung in Berlin nicht schlecht, als sie vor dem Stand einer kleinen unbekannten Stadt aus dem Frankenwald stehen. Dort sehen sie nämlich die unterschiedlichsten Schals und Tücher aus aller Welt: Zum Beispiel Ponchos, indische Hochzeitstücher und ägyptische Wolltücher mit bunter Kurbelstickerei.

Erstaunt sind die Besucher deshalb, weil sie erfahren, dass die fremdländischen Textilien nicht etwa aus diesen fernen Ländern kommen, sondern Exportprodukte heimischer Betriebe im oberfränkischen Helmbrechts sind. Die Stadt präsentiert sich stolz als „Modezentrale der Eingeborenenvölker der Welt". Zu Recht, denn es gibt fast kein Land auf der Erde, mit dem die Helmbrechtser Produzenten nicht in Verbindung stehen. Eine Stadt also, deren Fäden sie mit den fünf Enden der Welt verbinden. Ihre größten Absätze erzielen die Helmbrechtser im Orient und in Südamerika.

Amüsiert schildert damals der Reporter der Königsberger Zeitung die Reaktionen so mancher weitgereister Globetrotter, wenn sie an diesen Stand kamen. Da hatten sie von ihren Weltreisen Schals oder Tücher aus Colombo oder von den Basaren Damaskus mitgebracht und teuer als „echte Eingeborenenarbeit" bezahlt. Und nun mussten sie feststellen, dass diese Textilien wahrscheinlich aus deutscher Produktion stammen.

Bemerkenswert ist, dass dies auch heute noch Fernreisenden passieren kann; denn noch immer beliefern oberfränkische Hersteller diese Märkte. So hatte zum Beispiel die Firma V. Fraas aus Helmbrechts-Wüstenselbitz 1992 einen Marktanteil von einem Drittel der Weltproduktion an Schals.

Erfolgreiche Wirtschaftspolitik
Diese Erfolgsgeschichte ist das Ergebnis gezielter Wirtschaftspolitik. Dabei war die Ausgangssituation alles andere als günstig: Anfang des 19. Jahrhunderts leben die Menschen im Frankenwald von der Landwirtschaft, und die ist dort mehr von Dürftigkeit und Armut gekennzeichnet. Sie müssen hinzuverdienen. So klappern wie im gesamten Oberfranken in vielen Häusern unentwegt die Webstühle. Allerdings ist der Absatz schwierig. In der Abgeschiedenheit von großen Zentren

und bei extrem schwierigen Verhältnissen ist es nicht einfach, die Waren der Hausweber zu verkaufen. Hier setzt dann die staatliche Wirtschaftspolitik an. Und es tritt der frühkapitalistische Unternehmer auf. Er will die Arbeitskraft in dieser entlegenen Gegend nutzen. Sie ist billig – vor allem aber sind die Kenntnisse und Fähigkeiten der Menschen in Oberfranken für ihn wertvoll: Sie verfügen durch generationenlange Heimarbeit über große Erfahrungen in der Textilherstellung.

Als Verleger nutzt der Unternehmer diesen Standortvorteil. Zunächst ist das Ergebnis allerdings wenig berauschend: Die Verdienste der Hausweber sind kärglich. Obwohl die ganze Familie vom Aufstehen bis zum Schlafengehen mitarbeitet, reicht das Geld kaum zum Leben – so wie damals vielfach in Deutschland. Wir werden die bedrückende Situation der Heimarbeiter im Abschnitt über die Heimarbeiterregion Aschaffenburg näher kennenlernen.

Der dynamische Unternehmer
In Helmbrechts geschieht jetzt etwas Entscheidendes: Der dynamische Unternehmer tritt auf. Er hat ein Gespür für die Nachfrage und erschließt der Region damit neue Märkte.

Textilien sind im 19. Jahrhundert überall in der Welt rar und teuer, wo sie in traditioneller handwerklicher Technik hergestellt werden. In vielen Ländern lässt sich so ohnehin der Bedarf aus einheimischer Produktion nicht decken. Diese Lücken hat dieser Unternehmer im Blick. Und er steigt in den Markt ein. Aufgrund der beginnenden Technisierung und Arbeitsteilung im Industrialisierungsprozess und der gründlichen Fähigkeiten der Weber „vor Ort" bietet er hochwertige Textilien zu günstigen Preisen an.

Natürlich muss er sich genau auf die Ansprüche der Nachfrage einstellen. Trotz des Mangels an Textilien kaufen und tragen die Menschen auf den internationalen Märkten nur Textilien, die in ihrer Heimat üblich sind. Genau so und nicht anders! Wir kennen diese starke Bindung aus der im ersten Kapitel beschriebenen klassischen Trachtenwelt: Wer dazu gehören will, muss sich anpassen!

Also muss sich der Unternehmer mit Tragegewohnheiten, mit Schnittformen, Verzierungstechniken und natürlich auch dem Farbgeschmack auf diesen vielen unterschiedlichen Märkten auseinandersetzen. So entstehen zahlreiche Spezialprodukte: Übergroße Tücher mit 20 cm langen, handgeknüpften Fransen als Mantillen für Südamerika und Spanien, aufwändig bestickte Langschals als Hochzeitstücher für Indien und Wolltücher mit bunter Kurbelstickerei für Ägypten.

In unglaublicher Vielfalt ist jedes Stück exakt auf die einzelnen Märkte abgestimmt. Und deshalb werden sie von den Menschen dort wie einheimische Produkte akzeptiert. Das alles ist keine leichte Aufgabe, weil diese Menschen – wie gesagt - feste, durch ihre Gesellschaft nachhaltig geprägte Vorstellungen darüber haben, wie ihre Kleidung auszusehen hat. Kein Wunder also, dass es den eingangs erwähnten Globetrottern nicht auffällt, dass ihre als „echte Eingeborenenarbeit" angesehenen Textilien in Wirklichkeit aus dem fernen Deutschland stammen.

Flexibilität durch das Verlagssystem

Ein wichtiger Faktor für den Markterfolg ist hier das Arbeiten im Verlagssystem: Es werden Lohnweber beschäftigt, die meistens im Stücklohn arbeiten. Das hat sich zum Teil bis heute erhalten. Dieses System ist äußerst flexibel, weil sich der Lohnweber besser als große Betriebe auf kleine Auflagen oder besondere Ansprüche einstellen kann. Und die Handweber aus Helmbrechts bemühen sich mit aller Energie, dem Bedarf zu entsprechen, weil sie nur so ihre hochgeschätzte Selbständigkeit erhalten können. Wie wir gesehen haben, gelingt dies in anderen Regionen nicht immer.

Auch wenn der Handweber als Fabrikweber einen höheren Lohn erzielen könnte, bleibt er hier Heimweber. Und weil seine Heimattreue stark ausgeprägt ist, zieht er auch nicht weg. Er ist stolz auf das eigene Häuschen mit kleinem Acker. Trotz seines niedrigen Einkommens verteidigt er diese karge Selbstständigkeit, nimmt vieles hin, lässt sich aber auch vieles einfallen. So stellt er zum Beispiel nach dem Aufkommen der Elektrizität und der Entwicklung des elektrischen Einzelantriebs den mechanischen Webstuhl in seinem Haus auf. Es ist phantastisch: mit diesen Webern werden Weltmärkte erobert. Sie sind ein wertvoller Standortvorteil

Und die Wirtschaftspolitik? Sie unterstützt die Entwicklung durch die 1854 gegründete „Webschule zur Förderung der Hausindustrie (heute „Berufsbildungszentreum für Textil und Bekleidung in Münchberg-Naila und Fachhochschule Coburg, Abteilung Textiltechnik und Gestaltung in Münchberg"); denn nichts ist für die Wettbewerbsfähigkeit auf den Weltmärkten wertvoller als die Qualität des „Produktionsfaktor Arbeit."

Abhängigkeit von der „großen Politik"

Nicht immer allerdings entscheidet die Leistungsfähigkeit. Wer exportiert, ist nämlich auch von der politischen und wirtschaftlichen Entwicklung in seinen Absatzgebieten abhängig. Das bekommen die Helmbrechtser immer wieder zu spüren. Besonders schlimm ist es nach dem 1. Weltkrieg: Nahezu ihre gesamten Absatzmärkte gehen verloren und werden von Herstellern aus Italien und anderen Ländern neu besetzt. Und wer einen Absatzmarkt an die Konkurrenz verliert, erobert ihn nicht so schnell wieder zurück!

Auch wenn die oberfränkische Schalindustrie jetzt viele Heeresaufträge erhält, gehen viele Betriebe in Konkurs. Manchen Betrieben gelingt es, sich auf andere Produktionszweige umzustellen: Sie produzieren Bettzeug oder Damen-oberbekleidung.

Hans Michel, Lehrer und Firmeninhaber, später Senator für das bayerische Handwerk, nimmt sich damals der Not der Frankenwaldweber besonders an. Er bemüht sich, ihre Arbeit auf den Inlandsmärkten bekannt zu machen und so Kunden für ihre handwerklich hochstehenden Produkte zu gewinnen. So kommt es 1930 und 1931 zu den Ausstellungen „Das unbekannte Land" in München und Berlin, auf denen – wie eingangs geschildert – die Helmbrechtser besondere Aufmerksamkeit erregen. Das ist effiziente Wirtschafts-politik!

Textilmuseum Helmbrechts
Münchberger Straße 17, Helmbrechts
www.textilmuseum.de

Dieser Abschnitt wurde unter Abstimmung mit dem Textilmuseum Helmbrechts erstellt. Das oberfränkische Museum vermittelt einen anschaulichen Einblick in die Entwicklung der Handweberei, mechanischen Weberei und Textilindustrie dieser Region. Zur ständigen Ausstellung gehören Zunftgegenstände und traditionelle textile Rohstoffe sowie eine Sammlung einzigartiger Musterbücher. Natürlich sind auch die in diesem Abschnitt behandelten Textilien aus dem „Kleiderschrank der Welt" zu sehen. Eine originalgetreue Handweberstube und ein Lieferzimmer zeigen, welch harten Alltag die Weber noch vor 100 Jahren hier bewältigen mussten. Außerdem gibt es eine komplette mechanische Weberei.

Literatur

Jürgen Weber: Der Unternehmer als Entscheidungsträger regionaler Arbeitsmärkte: Eine Analyse über industrielle und handwerkliche Strukturen in Oberfranken, ihre Determinanten und Auswirkungen auf die regionalen Arbeitsmärkte. Bayreuth 1981.

Wolfgang Weber: Chancen u. Risiken durch den Europäischen Binnenmarkt - das Beispiel ausgewählter Branchen in den Regionen Oberfranken-Ost u. Oberpfalz-Nord. Bayreuth 1989

Almuth Bohnsack: Spinnen und Weben. Entwicklung von Technik und Arbeit im Textilgewerbe. Reinbek bei Hamburg 1981.

Fabian Fuchs: Die Geschichte der Hofer Textilindustrie 1789-1919. München 2011.

Fabian Fuchs: Die Hofer und Bamberger Textilindustrie von 1800-1920 im Vergleich. München 2013

Wie der Fall von Zollschranken
ein idyllisches Schwarzwaldtal verändert

Die Anziehungskraft großer Wirtschaftsräume – Vorteile der Region
Gewöhnung an einen völlig neuen Lebensrhythmus

Wie wir im vorherigen Abschnitt über die Schalproduktion in Helmbrechts gezeigt haben, können sich politische Veränderungen gewaltig auf die Lebens- und Arbeitsbedingungen der Menschen auswirken: Die Helmbrechtser wurden von ihren angestammten Märkten aus politischen Gründen verbannt. In diesem Abschnitt geht es darum, wie durch den Beitritt des Großherzogtums Badens zum Deutschen Zollverein im Jahre 1835 das Gegenteil geschieht: Der Markt wird größer – riesengroß. Im eben noch idyllischen, von Landwirtschaft geprägten Tal wird nach dem Fall der Zollschranken jetzt nämlich ein Betrieb nach dem anderen errichtet. Einige dieser Betriebe haben mehrere hundert Beschäftigte. Es entsteht fast von heute auf morgen eine der wichtigsten Textilregionen Baden-Württembergs.

Die Anziehungskraft großer Wirtschaftsräume

„Beitritt zum Zollverein" – das beinhaltet die Integration in den einheitlichen Wirtschaftsraum zahlreicher selbstständiger deutscher Staaten, in dem keine Abgaben mehr im Warenverkehr erhoben werden. Da Importe in diesen Wirtschaftsraum dagegen weiterhin mit Zöllen belegt sind, hat die junge inländische Industrie erhebliche Vorteile vor der ausländischen Konkurrenz.

Ein solcher Wirtschaftsraum hat eine enorme Anziehungskraft. Kein Wunder also, dass außerhalb ansässige Unternehmer versuchen, die Zollbelastung durch Produktion im Gebiet des Zollvereins zu vermeiden. Uns sind derartige Zusammenhänge aus der Gegenwart geläufig. Das beste Beispiel ist 1993 der Fall vieler Zollschranken in Europa, durch den der EG-Binnenmarkt zum größten Binnenmarkt der Welt wurde. Zu denjenigen, die sich den lukrativen Textilmarkt ohne störende Importbelastungen erschließen wollen, gehören damals Schweizer Finanziers.

Vorteile der Region

Vor allem mit Kapital aus Basel errichten sie im nahen Wiesental eine Textilfabrik nach der anderen. Für ihre Standortwahl spielt neben der Nähe zur Schweiz (insbesondere Basel) das Vorhandensein wichtiger Ressourcen die entscheidende Rolle. Und die finden sie hier. So verfügen im Wiesental viele Menschen durch generationenlange Heimarbeit über Erfahrungen in der Textilherstellung (so wie wir es in der Oberlausitz und in Oberfranken gesehen haben). Kontakte zur Schweiz hatte man im Wiesental schon immer. Beispielsweise berichtet eine alte

Chronik davon, dass schon vor über 300 Jahren Schweizer im Wiesental an „kleinen Rädern" Baumwolle spinnen ließen. Wichtig ist auch, dass mit dem Schwarzwaldfluss Wiese die damals wichtige Wasserkraft ausreichend zur Verfügung steht. Da es noch keinen nennenswerten heimischen Maschinenbau gibt, werden modernste Spinnerei- und Webereimaschinen aus der Schweiz, dem Elsass und England bezogen. Das ist ein wichtiger Technologietransfer, der sich befruchtend auf die südwestdeutsche Textilindustrie auswirkt. Kurzum: Das Wiesental wird klassischer Textilstandort. Von nun an prägt die Textilindustrie Generation für Generation das Leben im Tal.

Aber die politische und wirtschaftliche Entwicklung ist unbarmherzig. Trotz modernster Technik und qualifizierter Beschäftigung kommen diese Menschen eines Tages nicht mehr gegen die Konkurrenz aus Billiglohnländern an. Entscheidend ist eben doch nicht immer die schöpferische Zerstörung. Auch modernste Betriebe können im Wettbewerb in die Knie gezwungen werden, wenn die Konkurrenz von Niedrigstlöhnen, Staatssubventionen und menschenunwürdigen Arbeitsbedingungen profitiert. So kommt denn Mitte der 60er-Jahre des 20. Jahrhunderts für viele Textilbetriebe im Wiesental das Aus. Ein Betrieb nach dem anderen muss schließen. Tausende verlieren ihren Arbeitsplatz. Das Gewerbe, das die Menschen hier über Generationen geprägt hat, verschwindet ganz einfach. Nur wenige Betriebe halten durch. Das Lied vom „Webland" verstummt.

Gewöhnung an einen völlig neuen Lebensrhythmus

Das TECHNOSEUM in Mannheim stellt die Entstehung dieser Textilregion eindrucksvoll dar. Dabei wird die Bedeutung des Schweizer Kapitals und der Einsatz der damaligen Maschinen ebenso aufgezeigt wie die Veränderung der Lebens- und Arbeitsbedingungen im Wiesental. Diese Menschen sind nämlich zu Beginn der Industrialisierung noch alle in der Landwirtschaft und im Handwerk beschäftigt. Und dort wird Ihr Arbeitsrhythmus stark von der Jahreszeit und der Auftragslage bestimmt. Häufig befinden sich Wohnung und Arbeitsstätte noch unter einem Dach.

Auf einmal werden diese Menschen dann eine „neue Zeit" katapultiert. Das eigentlich Neue in den Fabriken sind für sie neben der Fertigungstechnik die Arbeitsbedingungen. Als Fabrikarbeiter müssen sie jetzt nämlich zu streng festgesetzten und überwachten Zeiten arbeiten – und das zum Teil extrem lange. So halten sie sich täglich bis zu 15 Stunden am Arbeitsplatz auf. 13 bis 14 Stunden davon sind reine Arbeitszeit. Das ist ungewohnt. Deshalb werden Pünktlichkeit und Arbeitsdisziplin in den Fabrikordnungen exakt vorgeschrieben und streng überwacht. Wer gegen diese Vorschriften verstößt, wird bestraft oder sogar entlassen.

Es lohnt sich, im Museum im original wieder aufgebauten Kontorraum einer Zwirnerei an der Wutach einen Blick in das ausliegende Strafregisterbuch zu werfen, um sich ein Bild über die damaligen Verstöße und Sanktionen zu machen. So stößt man immer wieder auf den Eintrag „unerlaubt wegbleiben" mit einer Strafe in Höhe von 20 Pfennig. Das entspricht in etwa einem Stundenlohn. Für „Ungehorsam" sind 30 Pfennig und für „Widersetzlichkeit" sowie „Händel stiften" sogar 1 Mark zu zahlen. „Schwatzen" kostet 20 Pfennig, manchmal auch 30 Pfennig. Dass es sich hierbei um Disziplinarmaßnahmen handelt und nicht um Ansätze, das ohnehin niedrige Lohnniveau zu drücken, ergibt sich daraus, dass die Strafen an die Betriebskrankenkasse überwiesen werden. Nur wenn die Produktion direkt betroffen ist (zum Beispiel „Spulen überfüllen" = 20 Pfennig oder „fehlerhaften Zwirn machen" = 50 Pfennig) geht das Geld in die Geschäftskasse.

Letztlich handelt es sich hier überwiegend um ein Instrument, um die Menschen in den für sie völlig neuen Lebensrhythmus in den Betrieben zu zwingen und sie an die neue Zeit zu gewöhnen. Es herrscht eine fast militärische Disziplin. Wir können uns heute kaum vorstellen, was dieser Wandel für das Leben der Lohnarbeiter bedeutet hat. Viele Menschen im Wiesental bekommen so die Kälte auf der Schattenseite der Industrialisierung zu spüren.

Landesmuseum für Technik und Arbeit in Mannheim (TECHNOSEUM)
Museumstraße 1, 68165 Mannheim - www.technoseum.de

Dieser Abschnitt wurde in Abstimmung mit dem TECHNOSEUM erstellt. Das TECHNOSEUM ist eines der drei großen Technikmuseen in Deutschland. Gezeigt werden 200 Jahre Technik- und Sozialgeschichte. Von Bedeutung im Rahmen unserer Darstellung ist die Dauerausstellung Weberei. So wird die mechanische Hanf- und Leinenweberei aus Elzach im Schwarzwald gezeigt. Ihr Gründer Franz Xaver Störr (1833-1895) entstammte einer Weberfamilie. Wie in ländlichen Regionen üblich, gehört auch ein Stück Ackerland zum Besitz und sichert zusammen mit dem Handwerk die Existenz seiner Familie. 1876 baut Störr ein Haus und richtete im Erdgeschoss eine mechanische Weberei ein. Die Familie betreibt die Weberei selbst, bei Bedarf unter Mithilfe von angelernten Arbeitskräften aus der Umgebung. Nur dank der Mitarbeit der Familienmitglieder und den damit einhergehenden niedrigen Lohnkosten kann der kleine Betrieb überhaupt existieren. Der Familie Störr sichert die Weberei einen bescheidenen Wohlstand, und das über Generationen bis in die 1980er-Jahre hinein.

Literatur:
Wolf Diether Burak: Stationen des Industriezeitalters im deutschen Südwesten: Ein Museumsrundgang (Hrsg. Landesmuseum für Technik und Arbeit). Mannheim 1990. Wien/Köln/Weimar 2006.

W. Conze, M. Engelhardt (Hrsg.): Arbeiterexistenz im 19. Jh. / Lebensstandard und Lebensgestaltung dt. Arbeiter und Handwerker. Stuttgart 1981.

Wolfgang Ruppert: Die Arbeiter. München 1986.

Karl Bittmann: Die badische Fabrikinspektion im 1. Viertel-Jahrhundert ihrer Tätigkeit 1879-1903. Ein Rückblick auf die Entwicklung der Industrie, Arbeiterschaft, Arbeiterschutzgesetzgebung und Gewerbeaufsicht. Karlsruhe 1905.

Peter Borscheid: Textilarbeiterschaft in der Industrialisierung. Soziale Lage und Mobilität in Württemberg (19. Jahrhundert). Stuttgart 1997.

Thomas Hauff: Die Textilindustrie zwischen Schrumpfung und Standortsicherung. Dortmund 1995.

Ein Streik,
der in die Geschichtsbücher eingeht

Wie ein Zentrum der Tuchindustrie entsteht – Der Auftritt des dynamischen Unternehmers
Sieger und Verlierer – Unerträgliche Arbeitsbedingungen – Der Arbeiterführer Julius Motteler
Die Arbeiterbewegungen - Der patriarchalisch-fürsorgliche Unternehmer - Die legendären Streiks
Nach der Wende: Erfolgreiche Tuchfabrik Spengler und Fürst

Crimmitschau ist ein bedeutender Ort der Tuchindustrie. Sie entwickelt sich zu Beginn der Industrialisierung aus dem ansässigen Tuchmacherhandwerk und macht dann alle Höhen und Tiefen der Industrialisierung mit. So ist Crimmitschau im 19. Jahrhundert eine typische Industriestadt, in der vor allem Textilien hergestellt werden. Man nennt sie deshalb auch „Stadt der 100 Schornsteine". Nach der Wiedervereinigung bricht die Textilindustrie dort fast völlig zusammen. Dann aber gibt es wieder Erfolge zu vermelden. So gelingt es Karl Bräuninger, auf dem schwierigen Markt für Herrenoberbekleidungsstoffe erfolgreich einen modernen Betrieb zu etablieren.

Bekannt geworden ist Crimmitschau vor allem durch einen der längsten und größten Textilarbeiterstreiks Anfang des 19. Jahrhunderts im Kaiserreich. Er bringt das Wirtschaftsleben der Stadt zum Erliegen und erregt im ganzen Reichsgebiet Aufsehen. Schließlich geht er in die Geschichtsbücher ein und wird zum Mythos.

Wie ein Zentrum der Tuchindustrie entsteht

Die Wurzeln des Crimmitschauer Textilgewerbes reichen zurück bis in die ersten Jahrhunderte unserer Zeitrechnung. Damals verdienen sich die Menschen ihren Lebensunterhalt vor allem durch Viehzucht und Flachsanbau. Die fruchtbaren Auelandschaften der Pleiße und Mulde ziehen ihm Laufe der Jahrhunderte immer mehr freie Bauern und Siedler an. Es kommt zur Bildung von Marktsiedlungen. Crimmitschau wird Gewerbe- und Handelszentrum für den Nahmarkt. Handwerk und Handel florieren. Unter den Handwerkern dominieren die Tuchmacher.

1429 wird die erste Tuchmacherordnung erwähnt und 1436 die erste Tuchmacherinnung gegründet. Lange Zeit ist Crimmitschau eine kleine Marktsiedlung – ein Ackerbürgerstädtchen mit Tuchmachern.

Der Auftritt des dynamischen Unternehmers

Wir überspringen die Jahrhunderte der Stadtgeschichte und begeben uns in die Anfangsjahre der modernen Textilindustrie Crimmitschaus. Und hier begegnen wir dem „Vater der modernen Textilindustrie" dieses Ortes. Es ist David Friedrich Oehler, der hier 1748 eine Tuchmanufaktur und –färberei gründet. Manufakturen sind die ältesten industriellen Betriebsformen. In ihnen werden zur Befriedigung des sich abzeichnenden Massenbedarfs einheitliche Waren hergestellt, und zwar wesentlich produktiver als in den herkömmlichen Handwerksbetrieben.

Oehler nutzt außerdem die inzwischen gängigen Möglichkeiten des Verlagssystems. Er vergibt Aufträge an Handwerker, die in ihrer Wohnung oder Werkstatt für ihn tätig werden und so allmählich ihre Selbstständigkeit verlieren. Wir kennen das Verlagssystem aus Gerhart Hauptmanns „Webern" mit dem Fabrikanten Dreißiger (dichterisch abgeleitet aus dem Namen des tatsächlichen Fabrikanten Zwanziger).

Und jetzt wird es richtig spannend; denn der aufstrebende Oehler muss sich erst einmal gegen den Widerstand der Zünfte durchsetzen. Das erweist sich dann allerdings als nicht allzu schwer, weil sich die einst so mächtigen Zünfte bereits selbst überlebt haben. Sie können dem dynamischen Unternehmer mit ihrer Einstellung, dass es für den zünftigen Handwerker darauf ankommt, so zu arbeiten, wie es schon immer war, kaum etwas entgegen setzen. Der nämlich nutzt die Produktionsmöglichkeiten seiner Zeit konsequent und hat ein Gespür für den großen Markt. Wen wundert es, dass Oehler so mit der legendären „Kraft der schöpferischen Zerstörung" das Althergebrachte zerschlägt und damit der sich abzeichnenden industriellen Revolution den Weg bahnt.

Das Ergebnis ist deutlich sichtbar: In Crimmitschau blüht die Zeug- und Flanellproduktion auf. Oehler erschließt neue Märkte – über die nahe Leipziger Messe zunächst über die Region hinaus und dann schließlich in alle Welt. So vermerkt die Chronik, dass spanische Kaufleute 1777 „Crimmitschauer Halbtuche" sogar nach Südamerika bringen.

Da Oehler seine Produkte auf den Markt ausrichtet, geht er 1788 zur neuen Produktion von Kaschmir über. Später folgen „Berill" und „Golgas". Damit erhält das Textilgewerbe für Crimmitschau überragende Bedeutung. Welch ein Wandel!

Sieger und Verlierer

Diesen Wandel können wir im Westsächsischen Textilmuseum Crimmitschau eindrucksvoll verfolgen. Mancher Besucher begegnet ihm mit ambivalenten Gefühlen: Hier der Charme des Sicherheit und Solidität ausstrahlenden alten Handwerks, dem mancher Besucher erliegt. Dort die Massenproduktion mit der hässlichen Kehrseite „Arbeiterelend". Dabei sollten wir nicht vergessen, dass es erst die Industrie ist, die elementare Produkte der gesamten Bevölkerung zugänglich macht. Nur sie vermag es, genügend Kleidungsstücke herzustellen, um endlich Schorf, Krätze und andere auf bisher kaum vermeidbare Unsauberkeit zurückgehende Hautkrankheiten ernsthaft zu bekämpfen. Wir haben einige dieser Aspekte bereits im Abschnitt über den Waschtag angerissen und werden auf sie auch im abschließenden Kapitel über den Unternehmer Wilhelm Bleyle stoßen.

Doch zurück zur industriellen Revolution. So richtig los geht sie natürlich erst mit den neuen Maschinen des 19. Jahrhunderts. Sie erhöhen die Produktivität in einem nie für möglich gehaltenen Ausmaß. Wer sie einzusetzen weiß, wird zum Superstar der Zeit.

In Crimmitschau ist es ein Sohn Oehlers, der nach englischem Vorbild die Maschinenspinnerei einführt. Schon 1818 folgt der nächste Schritt: Statt mit Pferdegöpel wird die Spinnmaschine jetzt mit Wasserkraft angetrieben. So etwas hat es in Sachsen bis dahin nicht gegeben.

Schlag auf Schlag geht es weiter: 1824 stellen die Gebrüder Kaufmann und Sohn die erste Dampfmaschine auf. Jetzt kann man überall und jederzeit produzieren. So wird Crimmitschau zur ausgeprägten Industriestadt.

Wie immer, so gibt es auch hierbei Verlierer. Auch in Crimmitschau sehen wir, dass es die kleinen Warenproduzenten und Gesellen sind, die schon bald nicht mehr mithalten können. Und auch hier lehnt sich der eine oder andere verzweifelt gegen das Unaufhaltsame auf. Und manchmal gibt es sogar Erfolge zu vermelden.

Als zum Beispiel 1848 der Fabrikant Bergner den ersten mechanischen Webstuhl in Crimmitschau aufstellen will, wird ihm so zugesetzt, dass er den Ort verlässt.

Aber dieser Erfolg täuscht. So lässt sich die industrielle Revolution nicht aufhalten! Wie überall in dieser Zeit wird der klassische Handwerker zur tragischen Gestalt der Industrialisierung. So sehr er sich auch anstrengt und seine persönliche Arbeitszeit ausweitet und ausweitet sowie erhebliche Entbehrungen hinnimmt, - er scheitert. Er muss scheitern, so wie es Luise Zietz über ihren Vater geschildert hat. Was bleibt da anderes übrig, als in die Industrie zu gehen!

Unerträgliche Arbeitsbedingungen

Nicht zu übersehen ist, dass der Riesenfortschritt auch Riesenprobleme mit sich bringt. Das Stichwort heißt „Soziale Frage'". Da ist einmal die Arbeitswelt. Wir können ihre Atmosphäre eindrucksvoll in der gut erhaltenen historischen Pfau'schen Tuchfabrik im Sächsischen Textilmuseum Crimmitschau erleben. Dort finden wir die technischen Anlagen und Maschinen des ausgehenden 19. und frühen 20. Jahrhunderts (siehe nachstehende Museumsbeschreibung).

In diesen Textilfabriken herrscht von morgens bis abends ein ohrenbetäubender Lärm von Web- und Spinnmaschinen. Die Maschine diktiert den Arbeitsablauf. Arbeitsschutz spielt keine Rolle. Wie mag man sich da am Feierabend fühlen?!

Aber was ist das das überhaupt für ein Feierabend? Ist man nicht unendlich lange in den Produktionsprozess eingespannt? Im Winter kommt man morgens um 7 Uhr in die Fabrik und verlässt sie erst wieder nach 18 Uhr. Im Sommer arbeitet man sogar von 5 bis 20 Uhr. Und das von Montag bis Samstag.

Dazu kommen die langen Arbeitswege, die zu Fuß bewältigt sein wollen. Bleibt da außer für Essen und Schlafen noch Zeit? Und für diese Mühen gibt es einen Lohn, der gerade so zum Leben reicht. Die Familien leben in winzigen, zudem häufig feuchten Zimmern. Oft fehlt das Geld für Heizmaterial. Um das Einkommen aufzubessern, arbeiten die Kinder mit. Betten werden mehrfach an schichtarbeitende Schlafburschen vermietet.

Ist es ein Wunder, dass da so mancher Mann versucht, seine Not im Wirtshaus einfach wegzuspülen und so den kargen Wochenlohn – kaum ausgezahlt – kurzerhand durchzubringen?! Diejenigen, die daran verdienen, errichten sich „Tränenvillen".

Die Arbeiterbewegungen

Aber es gibt auch andere Wege. Es beginnt jetzt nämlich der lange Kampf um mehr Menschlichkeit in der industriellen Gesellschaft. Viele Arbeiter laufen der

Wirklichkeit nicht davon, sondern versuchen, die Verhältnisse zu ändern. Die Arbeiterbewegungen entstehen. „Arbeitsbedingungen" und „soziale Sicherung" werden zu wichtigen Schlagworten. Endlich sieht sich dann auch der Staat zum Handeln gezwungen. Nach bescheidenen Anfängen wird 1883 mit der Kaiserlichen Botschaft die Bismarck'sche Sozialgesetzgebung eingeleitet. Andererseits gibt es das Sozialistengesetz, mit dem den Arbeiterbewegungen die Luft abgeschnürt werden soll.

Schon „vor Bismarck" gibt es zahlreiche Selbsthilfegemeinschaften. So verzeichnet die Chronik des Bekleidungsgewerbes den „Krankenunterstützungsbund der Gewerkschaft der Schneider", der sich 1874 als „Braunschweiger Schneider-Krankenkasse" (später „Braunschweiger Kasse") konstituiert. Er übersteht die Zeit des Sozialistengesetzes. Der 1895 geborene gelernte Schneider und spätere Gewerkschaftler Hugo Karpf weist darauf hin, dass das auch deshalb nicht hoch genug einzuschätzen ist, weil so die führenden Köpfe der Schneiderbewegung während dieser Zeit in ihrer „Schneiderkasse" zusammen blieben und sich damit nach Auslaufen des Sozialistengesetzes im Jahre 1890 gleich wieder mit ihrem know how in die politische Auseinandersetzung einmischen konnten. Einer von ihnen – August Reimann – vertritt damals die Ansicht, dass es in dieser Situation letztlich nicht nur auf Satzungen sowie Nah- und Fernziele ankommt, sondern auch auf Persönlichkeiten, die sich überzeugend der Sache der Arbeitnehmer annehmen.

Wichtig ist auch, dass in der Selbstverwaltung der alten „Schneiderkasse" die Lebensbedingungen der Schneider schon fast zwangsläufig immer wieder „Thema" sind. Das ergibt sich schon daraus, dass die Selbstverwalter aus der Lebenswelt der Schneider kommen und bei ihren Zusammenkünften darüber sprechen wollen. Und das ergibt sich auch automatisch aus den Analysen der Leistungsausgaben, bei denen sich zeigt, dass in ihrem Beruf bestimmte Krankheiten vorherrschen, was wiederum auf bestimmte Lebens- und Arbeitsbedingungen schließen lässt. Kurzum: Man tauscht sich – oftmals recht lebhaft – aus und überlegt, was die Schneiderkasse für ihre Mitglieder tun kann. Dazu gehört auch die Sozialberichterstattung im politischen Raum. Wie sonst als auf diese Weise soll politisches Bewusstsein und politischer Druck entstehen?! Auf derartige Informationen sind Gewerkschaftler und Politiker letztlich angewiesen. Der Verfasser hat diese engagierte Selbstverwaltungsarbeit der Schneider über Jahrzehnte hauptamtlich miterlebt. Und er hat miterlebt, wie ein solches gruppenbezogenes Engagement – so wie es in den früher zahlreichen Berufs-, Betriebs- und Ortskrankenkassen ähnlich üblich war - in den heutigen Großkassen schon zwangsläufig untergegangen ist.

Warnende Stimmen

Warnende Stimmen gibt es schon seit Beginn der Industrialisierung. Die erste sozialpolitische Rede vor einem deutschen Parlament hält 1837 der Freiburger Professor Franz Joseph Buß (sein Vater war Schneider). In seiner berühmt gewordenen Fabrikrede vor der Zweiten Kammer der Badischen Ständeversammlung fordert er, dass der Staat die Arbeitsverhältnisse in den Fabriken regeln und überwachen soll. Dabei ist Buß keineswegs ein Gegner der Industrialisierung. Ihm geht es vielmehr darum, sie sozial zu beherrschen. Deshalb fordert er, die tägliche Arbeitszeit auf 14 Stunden zu begrenzen und Hilfskassen für Arbeiter bei Krankheiten und Unfällen einzurichten. Außerdem sollen die Unternehmer Wohnungen an die Arbeiter vermieten und für sie eigene Kaufläden, Gastwirtschaften, Bäckereien und Schlachtereien unterhalten.

Der patriarchalisch-fürsorgliche Unternehmer

Buß's Vorstellungen finden zwar nicht den Beifall der Kammer, sie sind aber in der Welt und verbreiten sich wie ein Ölfleck. So tritt jetzt auch der patriarchalisch fürsorgliche Unternehmer auf, der die Lebensbedingungen seiner Beschäftigten mit vielfältigen Sozialleistungen verbessert und absichert. Es sei an dieser Stelle dahingestellt, wie weit dies seinem sozialen Empfinden entspringt. Auf jeden Fall weiß er, dass er so eine qualifizierte und effizient arbeitende Stammbelegschaft gewinnen kann – eine Rechnung also, die ökonomisch aufgeht. Und er hofft auch, auf diese Weise die sich abzeichnende revolutionäre soziale Unruhe zu verhindern und sich vor den neuen Arbeiterbewegungen abzuschotten.

So gibt es bei der 1836 gegründeten Augsburger Kammgarn-Spinnerei (AKS) schon früh eine Fabrikkrankenkasse, eine Ersparniskasse und einen Arbeiterunterstützungsbund. 1854 werden die ersten Arbeiterwohnungen errichtet. Später kommen Speisehaus, Wasch- und Badehaus, Säuglingsheim, Kinderbewahranstalt sowie Lesezimmer und Bibliothek hinzu.

Am populärsten ist die legendäre soziale Sicherung in der „Familie der Krupperianer". So lässt der „alte Krupp" patriarchalisch Wohnheime, Arbeitersiedlungen, Konsumanstalten, Bäckereien, Gaststätten, Schulen und Krankenhäuser für seine Beschäftigten bauen. Natürlich richtet er für sie auch eine Hilfskasse für den Krankheits- und Todesfall (1836) sowie eine Pensionskasse (1855) ein. Als Gegenleistung erwartet Alfred Krupp von seinen Beschäftigten Fleiß und Zuverlässigkeit. Wer sich ohne Widerspruch anpasst, den belohnt er. Wer das nicht tut, der kann gehen. Das sind ohnehin die Vorstellungen der fürsorglich eingestellten, aber eben patriarchalisch denkenden Unternehmer in dieser Zeit.

Die Krupperianer und auch die Öffentlichkeit erkennen Alfred Krupps Sozialleistungen auch deshalb an, weil er sie äußerst wirkungsvoll darzustellen weiß – so wie er auch die Darstellung seiner Produkte immer wieder wirkungsvoll inszeniert (insbesondere auf Weltausstellungen). Entsprechend sind Krupps Beschäftigte hoch motiviert. Kurzum: Seine Rechnung geht auf.

Wir stehen diesen betrieblichen Sozialleistungen heute kritisch gegenüber, weil sie – so wie es Alfred Krupp demonstriert hat – eben auch ein Instrument zur Disziplinierung der Beschäftigten sein können. So wurde zum Beispiel im Nazi-Deutschland und in der DDR Anpassung mit Ferienaufenthalten belohnt. Ohnehin passen betriebliche Fürsorgeleistungen nicht in unsere heutige Gesellschaft. Wenn die Unternehmen angemessene Entgelte zahlen, brauchen sie nicht zusätzlich Fürsorgeleistungen erbringen.

Die legendären Streiks

Aber zurück nach Crimmitschau: Als sich nach der Gründerzeit die Wettbewerbssituation durch das Auftreten von immer mehr Anbietern – u. a. aus den umliegenden Gebieten von Merane, Glauchau und Waldenburg – immer weiter verschärft und auf die Preise drückt, versuchen die Textilfabrikanten, diesen Druck auf die Arbeiter weiterzuleiten.

So kommt es fast zwangsläufig zu jenen Streiks, mit denen Crimmitschau Eingang in die Geschichtsbücher findet: Nach Einführung des Koalitionsrechts in Sachsen im Jahre 1861 streiken 1882, 1884 und 1887 Textilarbeiterinnen für höhere Löhne. Und dann kommt der legendäre 22. August 1903. An diesem Tag treten 7.827 Fabrik- und 1.500 Heimarbeiter in den Ausstand. Es wird einer der längsten und größten Textilarbeiterstreiks im Kaiserreich: Das Wirtschaftsleben in Crimmitschau kommt zum Erliegen Der Belagerungszustand wird in der Stadt verhängt. Auswärtige Gendarmerieeinheiten werden stationiert. Der Ausstand findet überall große Beachtung. Solidaritätsspenden treffen aus allen Himmelsrichtungen ein. Erst nach 21 Wochen (am 18. Januar 1904) endet der Streik – allerdings mit einer Niederlage der Arbeiterschaft. Und doch hat dieser Streik etwas bewirkt: Er hat das Bewusstsein für die Lage der Arbeiter in Politik und Öffentlichkeit weiter geschärft. So wird der Zehnstundentag dann doch eingeführt, und zwar 1908 vom Reichstag.

Der Arbeiterführer Julius Motteler

Wie wir es schon von August Reimann gehört haben, kommt es letztlich kommt darauf an, dass jemand die Initiative ergreift und Leben in die Geschichte bringt. Die Chronik der Arbeiterbewegung führt in dieser Zeit denn auch viele leidenschaftlich engagierte Persönlichkeiten auf. In der Textilindustrie ist einer von ihnen der aus einem wohlhabenden Elternhaus stammende Julius Motteler. Der gelernte Tuchmacher und Kaufmann wird 1859 in Crimmitschau Buchhalter und Disponent bei der „Vigonespinnerei Wolf & Kirsten". 1863 wird er zudem Führer der Crimmitschauer Arbeiterschaft. Das aber ist in dieser Zeit riskant. So kostet ihm sein Engagement für die Arbeiter 1867 letztlich seine Stellung.

Jetzt baut Motteler mit ebenfalls erwerbslos gewordenen Textilarbeitern eine Spinn- und Webgenossenschaft auf. Diese aber wird bald zahlungsunfähig, weil ihr wichtige Kredite versagt werden. 1869 wird Motteler der erste Präsident der von ihm mitgegründeten „Internationalen Manufaktur-, Fabrik- und Handarbeiter-Gewerksgenossenschaft". Dem Geist der Arbeiterbewegung entsprechend unterstützt er den Aufbau von Konsumvereinen in Selbstorganisation. Und die entstehen jetzt überall in den Industriestädten, um den Arbeitern günstige Einkaufsmöglichkeiten zu verschaffen.

Wie viele andere wendet sich Motteler auch gegen die noch immer weit verbreitete Kinderarbeit. Und er publiziert unermüdlich. Auch das ist in dieser Zeit riskant. 1874 wird Motteler in den Reichstag gewählt und setzt sich dort aufgrund seiner Crimmitschauer Erfahrungen immer wieder für die Verbesserung der Arbeitsbedingungen ein. Aber damit sind die Hürden für seine Arbeit nicht aus der Welt geschafft. Nachdem 1878 das „Gesetz gegen die gemeingefährlichen Bestrebungen der Sozialdemokratie" erlassen wird, muss er in die Schweiz emigrieren – ein Schicksal, das etliche Arbeiterführer mit ihm teilen. Auch diese Zeit geht vorüber. 1890 wird das „Sozialistengesetz" nicht wieder verlängert. Motteler kann in Deutschland wieder aktiv werden und wird 1903 in den Reichstag gewählt, dem er bis 1907 angehört. Wer sich in dieser Zeit für die Arbeiter engagiert, braucht starke Nerven!

Kurzum: Orte wie Crimmitschau ziehen nicht nur den dynamischen Unternehmer an. Sie prägen auch Persönlichkeiten, die leidenschaftlich für eine Verbesserung der Lebens- und Arbeitsbedingungen der Arbeiter einsetzen.

Nach der Wende: Erfolgreiche Tuchfabrik Spengler und Fürst

Kommen wir zur Gegenwart. Der Fall der Mauer bringt der Crimmitschauer Textilindustrie schlagartig das Aus. Und heute? Wie in so mancher anderen Region der neuen Bundesländer gibt es auch in Crimmitschau Erfolgsgeschichten zu verzeichnen. Dafür steht zum Beispiel die Tuchfabrik Spengler und Fürst. Nach der Reprivatisierung durch Karl Bräuninger erfolgt ein völliger Neuanfang auf einem schwierigen Markt. Sowohl das Produkt als auch der Vertrieb und die Technik werden kontinuierlich erneuert. Heute ist die Firma erfolgreicher Produzent hochwertiger Herrenoberbekleidungsstoffe. Außerdem betreibt sie Geschäfte für die von uns bereits beschriebene Maßkonfektion in Crimmitschau und Dresden. In ihrer Werbung heißt es dazu: *„Maßkonfektion vereinigt*

Schneiderkunst und modernste Technik zu einer individuellen Lösung mit einem hervorragenden Preis-Leistungsverhältnis."

Die Wurzeln des Unternehmens gehen zurück bis ins Jahr 1837. Damals gründet Carl Wilhelm Spengler die Tuchfabrik Carl Sprengler. Das Unternehmen ist von Anfang an führend in der aufstrebenden Tuchbranche in Sachsen. Es stellt Wollgewebe von höchster Qualität her.

Wie es sich damals zu einem dynamischen Unternehmer passt, präsentiert Spengler seine Ware bereits auf der ersten Weltausstellung 1851 in London und erhält dort eine Auszeichnung für „feine und gute Ware". Als einer der ersten Betriebe in Deutschland mit mechanischer Weberei kann das Unternehmen bereits 1887 das 100.000 Stück Ware fertig stellen. Die Produkte sind damals weltweit gefragt. Weitere Auszeichnungen erringen sie auf den Weltausstellungen 1855 in Paris und 1893 in Chicago.

Ein weiteres Unternehmen ist heute in Crimmitschau ist die Eschke-Seidenmanufaktur. Sie rekonstruiert historische Seidenstoffe.

Sächsisches Industriemuseum Tuchfabrik Gebr. Pfau
Leipziger Straße 125, 08451 Crimmitschau
www.saechsisches-industriemuseum.de/_html/www/crimmitschau/home.htm

Die Tuchfabrik Gebr. Pfau gibt es noch, und zwar originalgetreu im Sächsischen Industriemuseum Crimmitschau. Bis 1972 war sie in Familienbesitz und gehörte dann zum VEB Volltuchwerke Crimmitschau. 1990 wurde sie unter Denkmalschutz gestellt. In ihrer Größe und in ihrer Vollständigkeit von historischem Gebäude- und Maschinenbestand ist sie in Mitteleuropa einzigartig. In geführten Rundgängen können die Besucher die Herstellung von Wollstoffen Schritt für Schritt miterleben: von der angelieferten Schafwolle bis hin zum fertig verpackten Stoffballen. Die Maschinen werden von ehemaligen Beschäftigten der regionalen Textilindustrie vorgeführt. Dabei wird nicht nur Technikgeschichte vermittelt, sondern auch die in diesem Abschnitt behandelten Lebens- und Arbeitsbedingungen der Textilarbeiter aufgezeigt. Es ist geplant, das Spinnereigebäude zum Museum auszubauen, damit die Besucher auch ohne Führung einen Teil der Anlage erschließen können.

Beginn der Industrialisierung in Sachsen
Die Industrialisierung in Sachsen beginnt 1789: Damals erhalten die Kaufleute Carl Friedrich Bernhard und Johann August von Bugenhagen vom sächsischen König die Erlaubnis (oder wie es damals hieß, das „Privilegium exclusivum"), eine bisher

nur in England praktizierte Technologie der mechanischen Baumwollverarbeitung in Sachsen einzuführen. Daraufhin errichten sie in Harthau bei Chemnitz eine mit Wasserkraft angetriebene Baumwollspinnerei - auch Spinnmühle genannt. Und damit beginnt der Aufstieg von Chemnitz zur führenden deutschen Textilstadt. 1.600 der 10.000 Einwohner sind damals Weber.

Bis 1820 kommen weltweit nahezu alle Spinnmaschinen aus England. Auch die ersten in Sachsen gebauten Maschinen haben letztlich dort ihren Ursprung. Sie werden durch abgeworbene englische Maschinenbauer gebaut. In der ersten Baumwollspinnerei war dies der Spinnmeister Evan Evans, den Carl Friedrich Bernhard und sein Bruder Carl Ludwig in Manchester kennengelernt hatten. Um die englischen Patentrechte kümmert man sich damals in Sachsen so gut wie nicht.

Als die Engländer 1820 die Ausfuhr von Textilmaschinen verbieten, ist dies zu spät, um die Konkurrenz auf dem Festland auszuschalten. Man kennt hier inzwischen die Technik und weiß, sie weiterzuentwickeln – und das sogar so gut, dass die deutschen Maschinen den englischen teilweise überlegen sind. Den Engländern aber geht der große Maschinenmarkt verloren, ohne die rasante Entwicklung der aufblühenden deutschen Textilindustrie aufhalten zu können. So ist das manchmal mit dem Protektionismus! Einen weiteren großen Fehler begehen die Briten dann rund 50 Jahre später, als die vorschrieben, dass alle deutschen Exporte nach England und in die englischen Kolonien die Aufschrift „Made in Germany" tragen müssen. Was als Diskriminierung gedacht war, entwickelt sich zum großen Förderungsprogramm für deutsche Produkte. Wir werden im nächsten Kapitel sehen, wie in Plauen die Spitzenproduktion durch heimlichen Technologietransfer nach und nach konkurrenzfähig wird.

Literatur

Arnold Lassotta: Streik. Crimmitschau 1903 - Bocholt 1913. Ein Lesebuch zu den Arbeitskämpfen in der Crimmitschauer und Bocholter Textilindustrie. Essen 1993.

Friedrich Psopiech: Julius Motteler, der "rote Feldpostmeister". Mit Marx, Engels, Bebel und Liebknecht Schöpfer und Gestalter der deutschen und internationalen Arbeiterbewegung. Ein Streifzug durch die Frühgeschichte der Arbeiter-bewegung und die große Zeit der Sozialdemokratie. Esslingen 1977.

Claus P. Clasen: Streikgeschichten: Die Augsburger Textilarbeiterstreiks 1868-1934. Augsburg 2008.

Eduard Bernstein: Geschichte der deutschen Schneiderbewegung, Band 1. Berlin 1913.
Eduard Bernstein: Geschichte der deutschen Schneiderbewegung, Band 2. Berlin 1928.

Gert Richter: Zur Gründung der ersten Baumwollspinnerei in Sachsen, Chemnitz 1999.

Plauener Spitze:
Im Sog des technischen Fortschritts

Tradition der Plauener Textilproduktion – Der zündende Funke – Eine „Nacht- und Nebel-Aktion" –
Technologietransfer und Weiterentwicklung – Mit dem Blick auf Zukunftsmärkte
Im Plauener Spitzenmuseum

Es ist immer wieder derselbe Ablauf: Technischer Fortschritt lässt selbst Bewährtes schnell veralten. Wenn sich mit ihm Waren besser und kostengünstiger herstellen lassen, wird in der Marktwirtschaft jeder Versuch scheitern, mit alter – wenn auch lange Zeit bewährter - Technik weiterzuarbeiten. Was kann man dagegen tun? Es kann nur eine Antwort geben: Selbst die neue Technik nutzen! Was aber, wenn sie nicht zu erhalten ist, weil die Konkurrenz alles unter „Schloss und Riegel" hält? Im 19. Jahrhundert löst so mancher Unternehmer das Problem, indem er die neue Technik heimlich erwirbt und dann selbst erfolgreich weiterentwickelt. So beginnt auch die Erfolgsgeschichte der Plauener Spitze mit einer „Nacht- und Nebel-Aktion".

Tradition der Plauener Textilproduktion
Schauen wir zunächst auf die Zeit vor der Industrialisierung. Schon damals können die Plauener mit Textilien umgehen. Im Vogtland und insbesondere in dem an alten Handelswegen gelegenen Plauen entwickelt sich bereits Mitte des 16. Jahrhunderts die Baumwollweberei. Hochwertige Handspinnerei und Handweberei sowie Veredelungstechniken des Färbens, Bleichens und des Textildrucks auf Kattun lassen die Region zu einem textilen Erzeugungsstandort von europäischem Rang werden. Weltweite Handelsbeziehungen entstehen. 1770 kommt die Stickerei in Form von Ausnäharbeit oder Tambourstickerei hinzu. Kaufleute lassen damals in Plauen feine ostindische Tuche besticken. Die Chronik verzeichnet „Goldene Jahre" vor allem in der Zeit zwischen dem Siebenjährigen Krieg und der Französischen Revolution.

Und dann macht die industrielle Revolution um die Wende vom 18. zum 19. Jahrhundert mit der Kraft ihrer schöpferischen Zerstörung alles zunichte. Im fernen England können Textilien mit neuer Technik viel kostengünstiger hergestellt werden. Da ist es aussichtslos, mit herkömmlicher Technik mithalten zu wollen: England erobert das Baumwollwarengeschäft, und das Vogtland gerät in eine tiefe Krise – ein Vorgeschmack auf die uns heute so geläufige Globalisierung.

Die im November 1806 verhängte Kontinentalsperre verschafft dem Vogtland dann eine Atempause, weil sie England vom europäischen Markt abschneidet. Diese Zeit wird für technische Verbesserungen und die Einführung neuer Veredlungsverfahren genutzt. Und es kommen – wie wir es schon aus anderen Erfolgsgeschichten kennen – Menschen, die die Wende einleiten.

Der zündende Funke

Da ist zunächst einmal das Ehepaar Krause. Caroline Krause hatte am aufgeklärten Weimarer Hof gelernt, feine Handarbeiten vor allem im französischen Lang- und Plattstich anzufertigen – ein typisch höfischer Zeitvertreib, dem sich auch die gutsituierte bürgerliche Frau annimmt – so wie wir es einleitend bei der bürgerlichen Frau des 19. Jahrhunderts kennengelernt haben.

In Plauen verkauft Carolines Mann Carl Gottlob Krause um 1810 erstmals diese Stickereien. Damit gibt er den Anstoß, Stickereien auch in den niedergegangenen Handwerksbetrieben herzustellen. Das ist der zündende Funke: Tausende Frauen in Plauen und im Vogtland haben wieder Arbeit! Die Handweberei wird noch einmal kräftig belebt. Und damit entsteht eine Wurzel der späteren Spitzen- und Stickereiindustrie.

Als sich dann die modernisierte Handweberei mit der Handstickerei zur Vogtländischen Weißwarenindustrie verbindet, ist die Wende erst einmal geschafft. In Plauen und im Vogtland beginnt wieder ein wirtschaftlicher Aufschwung. Begünstigt wird er zudem durch die Aufhebung des alten Innungsrechtes und die Förderung der Modernisierung durch den sächsischen Staat. Um 1828 gibt es mehr als 2000 Beschäftigte in der Handstickerei.

Große Bedeutung hat 1834 der Beitritt Sachsens zum Deutschen Zollverein. Damit wird nicht nur der Binnenmarkt gewaltig erweitert. Auch ausländische Konkurrenz kann durch die Zollschranken auf Distanz gehalten werden. Wir kennen diesen enormen Handelsschranken-Vorteil bereits aus dem Wiesental im Schwarzwald.

Eine „Nacht- und Nebel-Aktion"

Aber so einfach geht die Entwicklung dann doch nicht weiter. Vernichtende Konkurrenz droht aus der Schweiz. Dort setzen nämlich zahlreiche Handmaschinen-Stickereibetriebe neue Technik ein. Der Plauener Kaufmann Fedor Schnorr, Mitinhaber des damals bedeutenden Stickereigeschäftes Schnorr & Steinhäuser, sieht diese neuen Maschinen auf der Weltausstellung 1855 in Paris und ist entsetzt:: Sie sind der Heilmann'schen Maschine von 1828 weit überlegen. Sollte sich durch sie das Desaster um 1800, das den Plauenern noch gut in

Erinnerung ist, wiederholen? Sollten sie gegen den technischen Fortschritt ein zweites Mal verlieren?

Da gibt es nur einen Ausweg: Im Sog des technischen Fortschritts muss die Produktion in Plauen modernisiert werden. Dazu muss man aber erst einmal in den Besitz dieser neuen Maschinen kommen. Wie wir aufgezeigt haben, ist das im 19. Jahrhundert nicht so einfach, weil über neue Techniken häufig wie über Staatsgeheimnisse gewacht wird. Es ist also nicht verwunderlich, dass es scheitert, diese Maschinen legal zu erhalten. Deshalb beauftragt Fedor Schnorr den an der Chemnitzer Werkmeisterschule studierenden Albert Voigt mit der heimlichen Beschaffung. Und tatsächlich: Voigt gelingt es 1857, in der Maschinenfabrik Burkhard in St. Finden (St. Gallen) zwei dieser Maschinen zu erwerben. In einer Nacht-und-Nebel-Aktion werden sie über den Bodensee gebracht. Am 27. Oktober 1857 treffen sie unbeschädigt in Plauen ein. Auch die Abwerbung von Fachleuten gelingt. Mit einem Techniker aus der Schweiz werden die Maschinen aufgestellt. Und dann wird mit einem ebenfalls aus der Schweiz abgeworbenen Stickmeister am 2. Januar 1858 die Produktion aufgenommen. Damit ist der Grundstein für die neue Maschinenstickerei gelegt. Eine ähnliche Entwicklung haben wir bereits in Chemnitz gesehen. Im Vogtland verbreitet sich die Maschinenstickerei jetzt schnell und verdrängt nach und nach die Weberei.

Technologietransfer und Weiterentwicklung
Das drohende Desaster ist abgewendet. Und wie anderswo in Deutschland wird der Technologietransfer auch in Plauen jetzt für eigene Weiterentwicklungen genutzt.. Dem Kaufmann Theodor Bickel, Mitinhaber der Plauener Stickereifirma Mammen gelingt als technologische Weltneuheit 1881 die Herstellung maschinengestickter Tüllspitze mit Plattstichen. Unter den Namen „Dentelles de Saxe", „Saxon Lace", „Plauen Lace und „Dentelles de Plauen" wird sie international bekannt. Bereits zwei Jahre später gelingt Anton Falke die Herstellung von Luft- oder Ätzspitze. Dabei wird mit Hilfe eines chemischen Prozesses der Stickgrund entfernt, so dass nur noch die pure Spitze verbleibt.

Plauen erlebt eine wahre Blütezeit. 1900 erhält das „Wunder der Plauener Musterung" sogar den Grand Prix der Weltausstellung in Paris. Um die Jahrhundertwende sind im Vogtland mehr als 16.000 Stickmaschinen im Einsatz. Der Schweizer Konkurrenzdruck ist da längst vergessen.

Von der Traditions- zur Hightech-Branche
Auch nach den Weltkriegen behauptet man sich. Obwohl 1945 viele Stickereibetriebe zerstört sind, erfährt die Plauener Spitze in der DDR-Zeit eine beeindruckende Renaissance. Am Ende gehört sie zum „Tafelsilber" der DDR und erhält auf Leipziger Messen 33 Goldmedaillen. Und auch als 1990 die

Wiedervereinigung und die Treuhand die ostdeutsche Produktion durcheinander wirbeln, geht die Erfolgsgeschichte weiter. So gründen zahlreiche Betriebe den Branchenverband Plauener Spitze und Stickereien und sichern ihr Markenzeichen „Plauener Spitze" international ab. Es wird systematisch modernisiert. So zählt die Spitzen- und Stickereiindustrie auch heute noch zu den strukturbestimmenden Industriezweigen des Vogtlandes. Die Statistik weist 2012 fast 40 Unternehmen mit rund 750 Mitarbeitern aus. Neben Vorarlberg (Österreich) und St. Gallen (Schweiz) behauptet sich Plauen als eines der drei deutschsprachigen Stickereizentren Europas.

Vor allem bei der mittleren und älteren Generation ist die klassische Plauener Spitze nach wie vor beliebt. Auch die Japaner und neuerdings auch die Russen lieben sie. Erwartet wird aber, dass der Markt im Wechsel von Heimtextilien und Mode schwankt. Wenn sich die Plauener behaupten wollen, müssen sie sich neue Anwendungsfelder für das Sticken suchen.

Und die Plauener haben sie gefunden. So entwickeln sie – gemeinsam mit regionalen Forschungseinrichtungen, Hochschulen und Bildungseinrichtungen – innovative Produkte, die die Vorteile der Textilien mit Werkstoffen wie Metall und Kunststoffen verbinden. Schon heute produzieren sie sie für das Bauwesen, Industrie und Gewerbe, Gesundheit und Hygiene sowie für den Passagier- und Gütertransport.

Zu den zahlreichen Beispielen gehören Flächenheizsysteme, für die Trägermaterialien aus Glasfaser mit Heizschläuchen bestickt werden. Der Vorteil liegt nicht nur darin, dass damit Fußbodenheizungen so einfach wie Teppichböden verlegt werden können, sondern dass auch Energie gespart wird, weil durch den kleineren Durchmesser der im Mäander verlegten Schläuche eine niedrigere Vorlauftemperatur erforderlich ist. Für Wasserrohre gibt es strukturierte Innenoberflächen, die Ablagerungen vermeiden helfen. Im Bereich der Medizintechnik wurden Kühlmanschetten entwickelt, mit denen sich Schwellungen nach Knochenbrüchen auch unter Gips kühlen lassen. Damit beschleunigt sich der Heilungsprozess deutlich. Kurzum: Im Vogtland ist man wieder einmal in Aufbruchsstimmung. Und man entwickelt das neue Image einer Hightech-Branche.

Im Plauener Spitzenmuseum
Seit 1984 dokumentiert das Plauener Spitzenmuseum als einziges Spezialmuseum in Deutschland diese Entwicklung. Dazu gehören historische Maschinen zur Herstellung der Spitze, zum Beispiel eine Pantographen-Stickmaschine (um 1910), ein Lochkartenautomat und eine Mehrkopf-Stickmaschine. Dazu gehören aber auch die völlig neuen Produkte, mit denen die Plauener Zukunftsmärkte erobern

wollen – zum Beispiel die erwähnten Kühlmanschetten und die neue Heizschläuche.

Natürlich kann man sich auch an wertvollen traditionellen Exponaten der weltberühmten Plauener Spitze erfreuen, zu denen ein Kleid von Hannelore Kohl und eine riesige Bettdecke des holländischen Königshauses gehören.

Plauener Spitzenmuseum

Altmarkt 2, 08523 Plauen   www.plauen.de/spitzenmuseum

Literatur

Walter G. Trümper: Aus der Geschichte der Stadt Plauen (anlässlich 125 Jahre Plauener Spitze). Plauen 2007.

Willy Ehrhardt: Das Glück auf der Nadelspitze. Plauen 1995.

Heinz Strobel: Die Anfänge der Maschinenstrickerei in Sachsen. Plauen 2012.Verena Bayer: Die

Rolle der Textilindustrie im englischen Industrialisierungsprozess: Volkswirtschaftliche Aspekte, Führungssektordiskussion, Mechanisierung und Rationalisierung. München 2008.

Wie ein gänzlich unbekanntes Walddorf zur deutschen Schuhmetropole wird

Arbeit und Brot durch die Garnison – In Pirmasens gelingt der Strukturwandel
Übergang zur industriellen Produktion – Der Siegeszug der Maschine
Pirmasens wird deutsche Schuhmetropole - Deutschlands älteste Schuhfabrik
Vom Handwerk zur industriellen Herstellung: Das Klischee von der Schusterkugel – Der Unterschied

Noch eine Erfolgsgeschichte, und wieder mit dem bekannten Ausgang. Die Geschichte spielt in der Pfalz. Pirmasenser Schuhwaren gehen Ende des 19. Jahrhunderts in alle Welt. So gibt es Kunden in England, Italien, Persien, China, Kalifornien, Mexiko und Australien. Dabei war die Schuhstadt Pirmasens hundert Jahre zuvor noch ein gänzlich unbekanntes Walddorf.

Arbeit und Brot durch die Garnison

Es beginnt alles mehr oder minder zufällig. Da gibt es im 18. Jahrhundert jenen Landgrafen Ludwig IX von Hessen-Darmstadt, der in diesem damals armseligen Walddorf eine Residenz nach Potsdamer Muster errichtet und ein großzügig gefördertes Garde-Grenadier-Regiment aufbaut. Extra „lange Kerls" sammelt der hohe Herr.

Nun mag man über diesen Herrn sagen, was man will: Festzustellen ist, dass das Dorf durch ihn schnell zu einem kleinen Kreisstädtchen aufblüht. Die Leute sind zufrieden, weil sie Arbeit und Brot finden für die Anfertigung dessen, was eine Garnison so alles braucht: Uniformen, Schuhe, Lederzeug usw. Kleine Tuchfabriken, Spinnereien, Webereien und Gerbereien entstehen. Kurzum: Es gibt immer etwas zu tun.

Aber diese Geschichte geht aus, wie solche Geschichten meistens ausgehen: Als der Landgraf 1790 stirbt, ist alles vorbei. Die Garnison wird aufgelöst und die Soldaten entlassen. Damit bleiben die Aufträge aus. Wir kennen dieses Problem aktuell von der Auflösung von Bundeswehrstandorten nach der Wiedervereinigung her. Strukturwandel ist gefordert. Aber wird er gelingen?

In Pirmasens gelingt der Strukturwandel
Der Pirmasenser Bevölkerung droht jetzt große Not. Sie sucht nach Auswegen – und sie findet sie. Der Strukturwandel gelingt. Aus Tuch- und Lederresten fertigt sie „Schlappen" an. Solide Handwerksfertigkeiten hat sie sich schließlich in der Residenzzeit erworben. Jetzt produziert sie ganze Mengen dieser Schlappen, packt sie dann zu Dutzenden in Rucksäcke oder Körbe und trägt sie in alle Himmelsrichtungen – sogar bis ins ferne Königsberg in Ostpreußen.

Vielfach werden die Schuhträgerinnen auf Bildern festgehalten. So sind auf einer Lithografie von J. Vogel (um 1840) Frauen aus Pirmasens unter den Arkaden von Straßburg zu sehen, die diese Schlappen anbieten. Dieses Bild hängt heute im Deutschen Schuhmuseum in Offenbach. Eine der historischen Schuhträgerinnen begrüßt die Besucher als lebensgroße Figur an der Eingangstür des Museums.

Die Pirmasenser haben Glück mit ihren Schlappen. Der Absatz ist so gut, dass man bald in fast jedem Pirmasenser Grenadierhäuschen Schlappen produziert. Zehn Jahre nach dem Tod des Landgrafen sind in der Stadt sage und schreibe fünfzig registrierte Schuhmacher tätig. Bis zur Schuhmetropole ist es allerdings noch ein weiter Weg.

Übergang zur industriellen Produktion
Noch befinden wir uns im Übergang von der historischen Schuhproduktion zur industriellen Fertigung. Die Zeit, in der ein Meister das Schuhwerk Stück für Stück einzeln herstellt, geht zu Ende. Es entstehen bereits größere Handwerksbetriebe, in denen die Arbeitsvorgänge zerlegt und auf viele Gesellen und Lehrlinge verteilt

werden. Der eine Geselle näht nur noch Oberteile. Der andere befestigt nur noch Sohlen.

Der schottische Nationalökonom Adam Smith hatte nach der Besichtigung einer Stecknadelmanufaktur im Jahre 1776 mit seinem legendären Beispiel der Stecknadelproduktion aufgezeigt, dass die Arbeitsproduktivität durch solche Arbeitsteilung enorm steigt. Danach kann ein einzelner Arbeiter alleine an einem Tag nur wenige Stecknadeln herstellen. Teilt man seine Arbeit dagegen in mehrere Handgriffe auf (Draht ziehen, abzwicken, zuspitzen, Kopf aufsetzen, verpacken) und verteilt diese auf fünf darauf jeweils spezialisierte Arbeiter, so werden diese in derselben Zeit Tausende Stecknadeln produzieren. Wir werden im nächsten Abschnitt sehen, dass sich auf diese Weise auch bei der Bekleidungsherstellung der Wandel von der Maßanfertigung zur wesentlich kostengünstigeren Konfektion vollzieht.

Die potentielle Nachfrage sowie die zeitgemäßen Produktionsmöglichkeiten erkannt und genutzt zu haben, ist die Basis des faszinierenden Strukturwandels in Pirmasens. Parallelen gibt es im 19. Jahrhundert in vielen Bereichen. Einige Beispiele haben wir bereits geschildert. Aus Sicht des Ökonomen beginnt die große Zeit des dynamischen Unternehmers, der den ungeheuren Bedarf der Bevölkerung erkennt und für seine Deckung die neuen Produktionsmöglichkeiten nutzt. Damit kann sich letztlich jeder Schuhe leisten, die in Güte und Schönheit früher nur Angehörigen der Oberschicht vorbehalten waren.

Pirmasens wird deutsche Schuhmetropole

Die Maschine mit ihren bis heute schier unerschöpflichen Anwendungsmöglichkeiten beginnt ihren Siegeszug. Der Einsatz primärer Energie befreit die Produktion von der Abhängigkeit von der Muskelkraft des Menschen. An die Stelle des klassischen Zuschnitts mit dem Halbmondmesser tritt die Stanze. Mit ihr kann man schneller und zuverlässiger arbeiten. Oder die Erfindung der Nähmaschine, die von Anfang an der traditionellen Handarbeit weit überlegen ist. Wir kennen dies vom Meister Friedrich, der mit seiner Nähmaschine viel schneller arbeiten kann. Und das ist erst der Anfang. Immer neue Maschinen und Apparate werden erfunden und die Arbeitsteilung immer weiter geführt. Die Produktivität steigt und steigt und steigt. Pirmasenser Schuhfabriken exportieren ihre Produkte in alle Welt.

1914 gibt es in der Stadt 240 Schuhfabriken mit 14.000 Beschäftigten. Selbst der Zweite Weltkrieg kann die Pirmasenser nicht in die Knie zwingen. Nach verheerenden Luftangriffen werden die Fabriken wieder aufgebaut. Sie werden sogar vergrößert. So kommt in den 1960er-Jahren jeder Dritte Schuh in

Deutschland aus ihrer Produktion. 1970 arbeiten 22.000 Menschen in der Schuhindustrie. Pirmasens ist die deutsche Schuhmetropole.

Aber auch diese Zeit geht zu Ende. Die Globalisierung schlägt zu. Schon um 1970 beginnt der Abstieg. Viele Firmen verlagern ihre Produktion ins Ausland. Oft bleiben noch Modell-Entwicklung und Verwaltung in Pirmasens. Aber das nützt alles nichts. Eine Schuhfabrik nach der anderen schließt.

Deutschlands älteste Schuhfabrik

Es bleiben einige namhafte Zuliefererfirmen. Und es bleibt auch die 1838 von Peter Kaiser gegründete älteste deutsche Schuhfabrik. Sie hatte bereits fünf Jahre nach ihrer Gründung in Fässern verpackte Schuhsortimente in alle Welt exportiert – bis hin ins ferne Australien - und damit den Grundstein für einen der ersten industriellen Schuhfertigungsbetriebe von internationaler Bedeutung gelegt. Seitdem hat sie sich im harten Konkurrenzkampf durch ständige Anpassung an den neuesten Stand der Technik durchgesetzt. Höchst bemerkenswert ist, dass sie noch heute den überwiegenden Teil ihrer Schuhe in den eigenen Produktionshallen in Pirmasens fertigt. 800 Mitarbeiter am Gründungsstandort Pirmasens und im Zweigwerk in Portugal produzieren in modernen Industriebetrieben täglich rund 4.700 Paar hochwertige, elegante Damenschuhe vom Zuschnitt bis zum Finish. Jährlich sind das über eine Million Paar Schuhe „Peter Kaiser" ist heute eine europäische Spitzenmarke mit hohen modischen Ansprüchen (www.peter-kaiser.de).

Pirmasens ist nach wie vor von der Schuhindustrie geprägt. Heute verzeichnet sie noch gut 1000 Beschäftigte. Die meisten von ihnen arbeiten bei Peter Kaiser. Auch gibt es noch die Deutsche Schuhfachschule (DSF), die Schuhmodelleure und Schuhtechniker ausbildet. Und die örtliche Fachhochschule bietet die einzige Möglichkeit, an einer Hochschule Lederverarbeitung und Schuhtechnik zu studieren. Außerdem gibt es das Internationals Shoe Competenz Zentrum ISC, das ein hochwertiges Aus- und Weiterbildungsprogramm für die internationale Schuhindustrie anbietet. Trotzdem: Die große Zeit als Schuhmetropole ist vorbei!

Da für die meisten Arbeitsplätze keine Berufsausbildung erforderlich war, war die Entlohnung vieler Schuharbeiter schlecht. Deshalb mussten meistens die Ehefrauen mitarbeiten. Gearbeitet wurde im auf die Dauer belastenden Akkord. Überhaupt waren die Arbeitsbedingungen schlecht und die gesundheitliche Belastung groß. Das hat sich mit der zunehmenden Technisierung in den noch bestehenden Betrieben gebessert. Der Anteil qualifizierter Mitarbeiter (Ausbildung, Fachschulbesuch, Studium) hat zugenommen. Und damit wurden auch Bezahlung und Arbeitsbedingungen besser. Hier zeigt sich einmal mehr, dass deutsche Produktion in Zeiten der Globalisierung nur dann Chancen hat, wenn sie auf Qualität ihrer Produkte und Qualifikation ihrer Beschäftigten setzt.

Schuhmuseum Pirmasens
Hauptstraße 26, 66953 Pirmasens – www.pirmasens.de

Rundgang „Vom Handwerk zur industriellen Herstellung"

Das Klischee von der Schusterkugel

Im Schuhmuseum Pirmasens lässt sich der Übergang vom Handwerk zur Industrialisierung eindrucksvoll „erleben". So gibt es dort eine nachgebildete Schuhmacherwerkstatt aus dem 19. Jahrhundert. Auf dem Tisch steht die legendäre Schusterkugel: Eine halb mit Wasser gefüllte Glaskugel vor einer Lampe. Das Wasser wirkt wie eine Linse und dient dazu, das wahrlich spärliche Licht der Lampe auf das vom Meister zu bearbeitende Stück zu konzentrieren.

Die Schusterkugel wird häufig als fester Bestandteil der klassischen Schuhmacherwerkstatt angesehen. Tatsächlich ist sie dort aber erst Anfang des 19. Jahrhunderts eingeführt worden – in einer Zeit also, als sich die Hohe Zeit des Schusterhandwerks bereits ihrem Ende nähert. So ist das mit Klischees!

Der Unterschied

Typisch ist, dass der Schuhmacher hier einen Schuh von Anfang bis zum Ende selbst herstellt. So schneidet er zunächst einmal das Leder mit dem Halbmondmesser zu. Da Leder Naturmaterial ist, muss er die Fläche gut auswählen. Was zugeschnitten wurde, muss wieder zusammengefügt werden. Formgebung und Nähen stehen an. Das Leder wird über den berühmten Leisten geschlagen. So entsteht in redlicher Handarbeit nach und nach der Schuh. Er ist damit bis zur Mitte des 19. Jahrhunderts meistens ein Maßschuh.

Dann entstehen größere Handwerksbetriebe, in denen der klassische Arbeitsablauf zerlegt und verteilt wird. Schon sie arbeiten wesentlich produktiver als der auf sich allein gestellte Schuhmacher. Der Konfektionsschuh löst den Maßschuh ab. Und es werden moderne Maschinen eingesetzt. Wer im Schuhmuseum Pirmasens weiter geht und in die Räume mit diesen Maschinen kommt, sieht, dass dies mit der scheinbaren Idylle der Schuhmacherwerkstatt nicht mehr zu vergleichen ist.

Deutsches Schuhmuseum Hauenstein
Museum für Schuhproduktion und Industriegeschichte
Turnstraße 5, 76846 Hauenstein – www.museum-hauenstein.de

Auch im Umfeld der prosperierenden Schuhmetropole Pirmasens entstanden kleine Schuhfabriken. Zum Beispiel in Hauenstein. Dort wird 1886 die erste Hauensteiner Schuhfabrik gegründet. Nach dem Zweiten Weltkrieg gibt es in diesem „größten deutschen Schuhdorf" mit seinen 4.500 Einwohnern 35 Schuhfabriken, in denen mehrere Tausend Mitarbeiter beschäftigt sind. Im Deutschen Schuhmuseum Hauenstein wird die Entwicklung der Schuhindustrie in der südwestlichen Pfalz dargestellt. Neben der Technik geht es auch um die Sozial- und Alltagsgeschichte.

DLM Deutsches Ledermuseum Offenbach
Frankfurter Straße 86, 63067 Offenbach
www.ledermuseum.de/DLM/frames_d/hfr_in_d.html - 11k

Das DLM Deutsche Ledermuseum Offenbach vereinigt drei Museen unter einem Dach: das Deutsche Schuhmuseum mit internationaler Fußbekleidung aus vier Jahrtausenden und einer Kunstgalerie, das Museum für angewandte Kunst mit Kunsthandwerk und Design vom Mittelalter bis zur Gegenwart, Schwerpunkt Leder und das Ethnologische Museum mit den Abteilungen Afrika, Amerika, Asien.

Schuhmuseum im Schloss Neu-Augustusburg
Zeitzer Straße 4, 06667 Weißenfels – www.museum-weissenfels.de

In Weißenfels in Thüringen war die Schuhproduktion so bedeutungsvoll wie in Pirmasens. Zeitweise wurden dort die meisten Schuhe in Europa produziert. Es gab rund 30.000 Beschäftigte. Nach 1989 versank die Schuhproduktion in die Bedeutungslosigkeit. Klar, dass sich das Schuhmuseum vor allem der Entwicklung der örtlichen Schuhindustrie widmet – von kleinen privaten Betrieben bis hin zu einem Staatsbetrieb. Und dann der Zerfall. Außerdem zeigt das Museum seit 1910 völkerkundliches Schuhwerk – eine reiche Palette!

Historisches Schuhmuseum Landsberg
Vorderer Anger 274, 86899 Landsberg am Lech
http://www.schuhhaus-pflanz.de/schuhmuseum.htm

Nach 40-jähriger Sammeltätigkeit eröffnete Heinrich Pflanz 1995 sein privates Schuhmuseum. Es zeigt Schuhmode aus acht Jahrhunderten, Trachtenschuhe aus aller Welt, Schnabelschuhe aus dem Orient, chinesische Gin-Lin-Schuhe für gebundene Damenfüße sowie Schuhe aus unterschiedlichen Materialien. Ebenso zeigt er Schuhe prominenter Persönlichkeit.

Schuhmacherwerkstätten gibt es auch in den vorgestellten Museen **Heimat- und Schulmuseum Mömlingen** sowie dem **Museum Burg Brome**.

Literatur
Josephine Barbe, Franz Kälin: Schuhwerk: Geschichte, Techniken, Projekte. Bern 2013.
Otto Ohse: Die Spezialisierung in der Schuhproduktion. Der Schlüssel zur Rentabilität. Eine wirtschaftliche Untersuchung. Heidelberg 1952.

Die Entstehung einer einzigartigen Heimschneiderregion am bayerischen Untermain

*Die „stille Zeit" der Schneider – Uniformgrößen als Vorbild für die Konfektion – Das Ende der „stillen Zeit"
Die legendäre Gründerzeit – Desch bringt Arbeit in entlegene Dörfer – Das riesige Arbeitspensum der
Heimarbeiter – Der Einsatz von Maschinen – Heimarbeiter: „und die im Dunkeln sieht man nicht" –
… in freier Vereinbarung – Hugo Karpf, der Vater der Heimarbeit -*

Am bayerischen Untermain spielt sich in der zweiten Hälfte des 19. Jahrhunderts ein bemerkenswertes Kapitel deutscher Wirtschaftsgeschichte ab. Damals entwickelt sich aus den Ideen und der Tatkraft eines einzelnen Mannes eine Notstandsgeneration innerhalb weniger Jahrzehnte zu einem Zentrum der deutschen Bekleidungsindustrie. Den Namen dieses Mannes kennt dort noch heute jeder, der etwas mit Bekleidung zu tun hat.

Dieser Mann heißt Johannes Desch. Er ist ein dynamischer Unternehmer wie aus dem Lehrbuch. Seine Geschichte beginnt wie so viele Erfolgsgeschichten: einfach und unkompliziert. Da lebt Mitte des 19. Jahrhundert in dem kleinen Dorf Glattbach bei Aschaffenburg ein aufgeweckter junger Schneider, der sich nicht damit abfinden will, dass er immer wieder vor den großen Festtagen alle Hände voll zu tun hat und in der übrigen Zeit des Jahres nur wenig Arbeit bekommt. Es ist jedes Jahr dasselbe: An den Tagen vor Weihnachten, Ostern und Pfingsten weiß er nicht, was er zuerst tun soll. Er muss bis tief in die Nacht hinein arbeiten – häufig so lange, bis er die Nadel nicht mehr halten kann. Wir haben das bereits beim Schneidermeister Friedrich in Brome kennengelernt.

Der Grund liegt letztlich darin, dass Anzüge in dieser Zeit generell nach Maß gefertigt werden. So kann der Schneider immer erst mit seiner Arbeit beginnen, wenn der Kunde den Auftrag erteilt und er Maß genommen hat.

Die „stille Zeit" der Schneider

Der Leerlauf tritt Jahr für Jahr so regelmäßig ein, dass die Schneider für ihn einen festen Begriff geprägt haben: Es ist für sie die unvermeidbare „stille Zeit". Aber ist diese „stille Zeit" wirklich unvermeidbar? Der junge Desch will es wissen. So macht er sich Gedanken darüber, wie er seine Arbeit gleichmäßiger verteilen kann. Dass die Kunden immer erst vor den Feiertagen kommen, lässt sich sicherlich nicht ändern. Deshalb kommt er auf einen einfachen und doch für das Schneiderhandwerk fast revolutionären Einfall: Wenn es nicht gelingt, die Nachfrage einigermaßen gleichmäßig über das Jahr zu verteilen, dann muss der

Schneider mit seiner Arbeit eben schon beginnen, bevor der Kunde kommt. Er muss auf Vorrat arbeiten.

Aber ist das sinnvoll? Immerhin muss er dann auf das traditionelle individuelle Maßnehmen verzichten, auf das jeder Kunde großen Wert legt. Nur so war bisher sichergestellt, dass der Anzug passt – eben nach Maß.

Uniformgrößen als Vorbild für die Konfektion

Bei seinen Überlegungen kommt Desch eine wichtige Erfahrung aus dem preußisch-österreichischen Krieg zugute. Als nämlich 1866 preußische Truppen an den bayerischen Untermain kamen, nahm er zahlreiche Ausbesserungen an den Uniformen der Soldaten vor. Bei dieser Arbeit fiel ihm auf, dass er es letztlich nur mit drei oder vier verschiedenen Uniformgrößen zu tun hatte. Die Truppe kam also mit einem sehr beschränkten Größensortiment zurecht. Damit wurde ihm klar, dass die Körper der Menschen gar nicht so unterschiedlich sind, wie es auf den ersten Blick scheinen mag. Sie weisen vielmehr wichtige anatomische, zueinander in Beziehung stehende Größenverhältnisse auf, die die Ableitung von Regelmaßen geradezu aufdrängen. So braucht man neben einer „Normalgröße" auf jeden Fall einen Zuschnitt für kleine, untersetzte Soldaten und einen Zuschnitt für lange, schlanke Männer…

Wenn das bei der Einkleidung der Soldaten funktioniert, dann muss das doch auch bei ziviler Kleidung möglich sein! Dann muss man doch auch Anzüge ohne vorheriges Maßnehmen am einzelnen Kunden einheitlich nach diesem Muster zuschneiden und damit auch auf Vorrat herstellen können!

Desch wagt den Versuch. Und so verzeichnet die Chronik in den Jahren 1869 bis 1873 den entscheidenden Wendepunkt in der Bekleidungsherstellung: Johann Desch produziert in seiner Werkstatt neben der klassischen Maßkleidung auch Anzüge ohne vorheriges Maßnehmen nach Normmaßen. Mit drei Konfektionsgrößen beginnt der Siegeszug des „Verkaufs von der Stange".

Es ist eine erfolgreiche Idee: Auch wenn die Männerwelt zunächst zurückhaltend auf das Angebot von Fertigkleidung reagiert, so wird die vorgefertigte Kleidung dann doch nach und nach immer mehr akzeptiert: Die Männer kaufen Anzüge und Mäntel zunehmend in einem der zahlreichen neuen Bekleidungs-fachgeschäfte.

Das Ende der „stillen Zeit"

Eine „stille Zeit" kennt Johann Desch jetzt nicht mehr. Im Gegenteil: Er weitet seine Arbeit aus und beliefert fortan Kleidergeschäfte in den aufstrebenden Städten

Hanau, Offenbach und Frankfurt am Main. Dies ist eine Absatzform, die den Schneidern erst mit der Einführung der Gewerbefreiheit gestattet ist. Und das ist noch gar nicht so lange her.

Desch ist nicht der erste, der auf den Gedanken kommt, Bekleidung auf Vorrat herzustellen. Er ist aber derjenige, der diese Produktionsform unternehmerisch höchst erfolgreich durchzusetzen weiß. Eine wichtige Voraussetzung für den Siegeszug der Konfektion sind damals die deutlich gesunkenen Preise für Stoffe. Wie wir gesehen haben, werden sie jetzt aufgrund des technischen Fortschritts wesentlich kostengünstiger hergestellt. Eine weitere Voraussetzung ist die Weiterentwicklung der Nähmaschine. Wir haben dies beim Meister Jürgens gesehen. Erst sie ermöglicht nämlich die kostengünstige Massenfertigung von Bekleidung. Hinzu kommt natürlich, dass man in der Konfektion rationeller arbeiten kann, weil man nicht bei jedem Stück umdenken muss, sondern zahlreiche gleiche Stücke herstellen kann. Das spart enorm Zeit. Der Preis kann weiter sinken.

Die legendäre Gründerzeit
Wir befinden uns jetzt in der legendären Gründerzeit mit ihrem ungeheuren industriellen Aufschwung nach dem gewonnenen deutsch-französischen Krieg 1870/1871. Steigende Einkommen breiterer Bevölkerungsschichten lassen die Nachfrage nach Kleidung enorm steigen. Zunächst versucht Desch noch, diese Nachfrage durch Einstellung fremder Hilfskräfte zu befriedigen. Doch bald schon sieht er ein, dass seine Werkstatt hierfür nicht ausreicht. Er muss sich etwas einfallen lassen.

Und er lässt sich etwas einfallen: 1873 beginnt er damit, Lohnaufträge an Schneider in Glattbach sowie den nahegelegenen Goldbach und Unterafferbach zu vergeben. Bald arbeitet man auch in anderen Dörfern für ihn. Johann Desch ist jetzt erfolgreicher Arbeitgeber und Verleger.

Desch bringt Arbeit in entlegene Dörfer
Gerade seine Tätigkeit als Verleger wird diese Region über viele Jahrzehnte prägen, bringt sie doch den Menschen in abgelegenen Dörfern Arbeit und Brot. Dort, wo die Landwirtschaft wenig hergibt und der Weg zu einem Arbeitsplatz im zentralen Aschaffenburg viel zu lang für ein tägliches Pendeln ist, rattern bald bis spät in die Nacht Nähmaschinen und qualmen Bügeleisen. Es wird genäht, genäht und nochmals genäht. So entsteht im Laufe der Jahre jene einzigartige Heimarbeiterregion mit Schneiderdörfern wie Großostheim, Niedernberg, Kleinwallstadt, Sulzbach, Leidersbach, Roßbach und Großwallstedt. Oft nähen 20 bis weit über 30 Prozent der Bevölkerung dieser Orte in Heimarbeit.

114

In der Blütezeit der Heimschneiderei lernen fast alle Bauernjungen diesen Beruf und machen sich nach ihrer Lehrzeit selbstständig als Heimarbeiter. Ganze Schulklassen werden Schneider. 1936 werden am bayerischen Untermain rund 9.500 Heimschneider registriert. Es ist der Höhepunkt dieser Entwicklung. Nach dem Zweiten Weltkrieg allerdings wird die Arbeit der Heimschneider dann von hochmodernen Konfektionsbetrieben verdrängt. In großen Serien arbeiten sie wesentlich wirtschaftlicher. So werden immer weniger Heimschneider gebraucht. Doch zurück ins 19. Jahrhundert: Schon bald ist Johann Desch nicht mehr der einzige Verleger am bayerischen Untermain. Sein Erfolg zieht weitere Unternehmer an. 1878 wird in Aschaffenburg die zweite Kleiderfabrik gegründet. 1905 gibt es bereits 15 und 1913 21 Konfektionsbetriebe. Die Region entwickelt sich zu einem Zentrum der deutschen Herrenoberbekleidungsindustrie.

Das Produktionsprinzip ist überall dasselbe: Im Bekleidungsunternehmen wird organisiert und zugeschnitten. Das Nähen und Bügeln erledigen die Heimarbeiter. Sie holen sich die zugeschnittenen Stoffe selbst ab und liefern die fertige Ware gegen Bezahlung wieder ab. Der Verleger vermarktet sie.

Johann Desch bleibt deshalb nicht lange im kleinen Glattbach. Wer so viel produziert, muss in einen zentralen Ort mit guten Verkehrsverbindungen ziehen, den die in vielen Dörfern ansässigen Heimarbeiter an den Lieferterminen gut erreichen können. Und dort muss er auch gut die Tuche beziehen und die Kleidung versenden können.

Die nächstgelegene Bahnstation ist Aschaffenburg. Schon am 9. März 1874 lässt sich Desch in das Handelsregister des Amtsgerichts Aschaffenburg eintragen und zieht in das Haus Sandgasse 42, später dann in einen Neubau gegenüber dem Aschaffenburger Hauptbahnhof. Das Bahnhofsviertel ist über Jahrzehnte geprägt von Karren mit Stoffballen und von Heimarbeitern, die fertige Kleidung bringen und zugeschnittene Stoffe wieder mitnehmen. Außerdem gibt es tausende Pakete mit Anzügen, die auf den Paketkarren täglich über den Postversand ausgeliefert werden.

Die Geschichte endet so, wie wir es bereits kennen: Im Jahre 2005 geht die Kleiderfabrik Desch insolvent. Bis dahin galt sie als eine der ältesten Kleiderfabriken der Welt. Da das Unternehmen Desch von der holländischen Firma European Fashion Team übernommen wurde, ist die Traditionsmarke weiterhin auf dem Markt.

Das riesige Arbeitspensum der Heimarbeiter
Zurück zur Heimarbeit: Die Arbeitsteilung funktioniert über viele Jahrzehnte nahtlos. So beschäftigt allein Desch 1894 rund 150 Heimarbeiter. Der

Heimschneider arbeitet in seiner eigenen Wohnung, und zwar im Wohnzimmer, weil es das größte Zimmer ist. In ihm wird gearbeitet, gegessen und die geringe Zeit zwischen Arbeit und Schlafen verbracht. Natürlich wird in diesem Zimmer auch Arbeitsmaterial gelagert. Dass alles sehr beengt ist, liegt auf der Hand.

Meistens arbeitet die ganze Familie mit. Ohne sie hätten die Heimarbeiter ihr großes Arbeitspensum nie bewältigen können. Auch die Kinder halten sich meistens in der Schneiderstube auf. Solange sie noch klein sind, hat man sie so unter Kontrolle. Häufig werden sie in den Schnippelkasten gesetzt. Wenn sie dann größer werden, zieht man sie für einfachere und leichtere Arbeiten heran. Sie müssen dann zum Beispiel Reihfäden ziehen. Manchmal arbeitet eine ganze Großfamilie in der Schneiderwerkstatt mit: Die Großeltern helfen beim Ärmel staffieren oder Knöpfe annähen. Man führt ein mühseliges Leben!

Gearbeitet wird täglich 13 bis 15 Stunden. Und sonntags werden häufig gleich nach dem Kirchgang die Vorbereitungen für die Wochentage vorgenommen. Alltags geht es spätestens um 7 Uhr morgens los. Vor 20 Uhr hört kein Heimschneider auf. Häufig wird viel länger in der Werkstatt „gewühlt". Insbesondere vor Lieferterminen wird oft die ganze Nacht durchgearbeitet. So stellt Hugo Karpf wenn er von Schneiderversammlungen nach Mitternacht nach Hause kommt, immer wieder fest, dass hier und da noch Licht in den Häusern brennt. Ihm ist klar: Das können nur die Heimschneider sein. Allerdings wird nicht überall gearbeitet. Es soll auch Häuser geben, in denen Heimarbeiter, die keine Arbeit haben, das Licht nur brennen lassen, damit der Eindruck entsteht, dass auch sie Aufträge erhalten haben…

Im Zug nach Aschaffenburg sieht Heinz Zoll immer wieder Heimarbeiter, die auf der Fahrt zur Ablieferung in der Kleiderfabrik noch schnell Knöpfe annähen, und das, obwohl sie sowieso erst am späten Abend mit dem vorletzten Zug nach Aschaffenburg fahren, um gerade noch mit dem letzten Zug wieder heimzukommen. Damit nutzen sie selbst die Fahrzeit für ihre Arbeit. Andere sparen sich notgedrungen die Ausgaben für eine Fahrkarte und machen sich zu Fuß auf den Weg nach Aschaffenburg. So erinnert sich der aus einer Heimarbeiterfamilie stammende Günther Brand daran, dass es in seiner Kindheit regelmäßig von Sulzbach am Main aus zu Fuß mit dem typischen blauen Liefersack auf dem Handwagen ins zehn Kilometer entfernte Aschaffenburg ging. Andere kamen mit großrädrigen Kinderwagen oder mit dem Fahrrad. Groß ist die Enttäuschung, wenn sie an der Tür ihres Auftraggebers auf einem Zettel lesen müssen „Bitte die Stücke beim Nachbarn abgeben!" Sie müssen dann ohne Geld und ohne einen neuen Auftrag wieder zurück nach Hause. Und ob sie ihren Lohn je erhalten, ist unsicher.

Der Einsatz von Maschinen

Die Arbeitsmittel sind in der ersten Zeit noch sehr dürftig: Viele Arbeitsschritte werden mit der Hand ausgeführt. Die Nähmaschine wird mit den Füßen angetrieben. Gebügelt wird mit schlecht regulierbaren Bügeleisen. Dazu spendet die obligatorische Petroleumlampe nur kärgliches Licht. Erst Anfang des 19. Jahrhunderts bringt der elektrische Strom Erleichterung. Jetzt werden neue Maschinen angeschafft, die die Arbeit spürbar erleichtern. Da die Heimarbeiter diese Maschinen aber selbst finanzieren müssen, verschlingen sie einen erheblichen Teil der Einnahmen. So mancher Heimschneider bügelt deshalb auch in dieser Zeit noch mit dem Kohlebügeleisen, um Strom zu sparen. Es ist kein Zufall, dass die Nähmaschine das erste Gerät in Deutschland ist, das in Raten abgezahlt werden kann. Andererseits ist der Einsatz moderner Maschinen letztlich eine Voraussetzung dafür, dass die Heimarbeit so wirtschaftlich ist, dass sie sich bis zum Zweiten Weltkrieg behaupten kann.

Heimarbeit: „... und die im Dunkeln sieht man nicht"

So positiv es auch ist, dass die Menschen am bayerischen Untermain über Jahrzehnte viel zu tun haben – die Lebens- und Arbeitsbedingungen der Heimschneider sind letztlich noch bedrückender als die der Lohnarbeiter in den Fabriken. Dafür gibt es eine plausible Erklärung: Die Fabrikarbeiter haben an ihren Arbeitsplätzen, in ihren Wohnvierteln und auf dem Weg zur Arbeit enge soziale Kontakte miteinander und können deshalb schnell für die Gewerkschaftsbewegung gewonnen werden, die für sie Arbeitsbedingungen aushandelt und sich auch im politischen Raum für sie einsetzt. Ohnehin kann ihre Situation nicht ignoriert werden, weil sie durch ihre Konzentration in den Betrieben und in den Arbeiterwohnvierteln sichtbar ist.

Die Lebenssituation der Heimarbeiter dagegen ist nicht so ohne weiteres erkennbar. Wie wir gesehen haben, arbeiten die Heimarbeiterfamilien räumlich getrennt jeweils für sich. Soziale Kontakte untereinander sind selten. Wann sollen sie denn auch miteinander sprechen?! Dafür haben sie beim besten Willen keine Zeit. Ob es ihnen gut oder schlecht geht, fällt daher weniger auf. Wie wir im Abschnitt über die Industrialisierung in Crimmitschau geschildert haben, ist es auch die Selbstverwaltung der Berufskrankenkasse der Schneider, die Licht auf ihre Welt wirft.

... in freier Vereinbarung

Auch das Verhältnis zum Unternehmer ist völlig anders. Während die Fabrikarbeiter unter gewerkschaftlicher Führung letztlich als Gruppe auftreten, tritt jeder Heimarbeiter seinem Auftraggeber einzeln gegenüber und muss in sogenannter „freier Vereinbarung" den Stücklohn für seine Arbeit aushandeln. Wie das damals aussieht, kann man sich leicht vorstellen. Das bedeutet nämlich in aller Regel, dass der Auftraggeber einen Stücklohn bestimmt. Der Heimarbeiter hat dann nur die Möglichkeit, ihn zu akzeptieren oder ohne Arbeit nach Hause zu gehen. Der Auftraggeber ist dabei in einer besseren Position, weil es genug Heimarbeiter gibt, die für ihn arbeiten wollen. Nicht übersehen werden sollte allerdings, dass es vielfach auch eine lange und enge Verbundenheit zwischen Heimarbeitern und ihren Auftraggebern gibt.

Hugo Karpf schildert die Lebens- und Arbeitswelt der Heimschneider, die er aus eigenem Erleben bestens kennt, sehr anschaulich in seinem Buch „Heimarbeit und Gewerkschaft". Als er im Stadttheater Aschaffenburg Gerhart Hauptmanns 1893 entstandenes Stück „Die Weber" sieht, kommt es ihm vor, als hätte sich in den letzten Jahrzehnten nichts geändert…

Hugo Karpf – der Vater der Heimarbeit

Hugo Karpf ist im Raum Aschaffenburg derjenige, der sich im 20. Jahrhundert in praktischer Gewerkschaftsarbeit vor Ort und in der Politik (er ist u. a. Reichstags- und später Bundestagsabgeordneter) leidenschaftlich für die Heimarbeiter einsetzt. Man nennt ihn deshalb „Vater der Heimarbeit". Seine Arbeit zeigt, dass auch Arbeitnehmergruppen, die aufgrund ihrer Vereinzelung nur schwer zu erreichen sind, erfolgreich gewerkschaftlich vertreten werden können. Dazu gehört auch, dass ihre Situation der Öffentlichkeit geschildert und so politischer Handlungsdruck erzeugt wird. Das galt gestern, und das gilt heute noch genauso. Im 19. Jahrhundert hätte ansonsten „nur" die Fabrikarbeit im Mittelpunkt der sozialen Auseinandersetzungen gestanden. Über die Heimarbeit weiß man zunächst nämlich nur wenig. Ja, man hält sie sogar nostalgisch für eine idyllische Betriebsform aus der „Welt von gestern".

In dieser Zeit geht es zunächst vor allem erst einmal darum, die Heimarbeiter rechtlich als Arbeitnehmer zu sehen und sie damit in die üblichen arbeits- und sozialrechtlichen Regelungen einzubeziehen. Trotz ihrer Selbständigkeit im täglichen Arbeitsablauf sind sie nämlich nicht mit selbstständigen Gewerbetreibenden (z. B. Handwerker) zu vergleichen, weil sie über Jahre und Jahrzehnte für immer denselben Auftraggeber arbeiten, der ihnen die Produktionsmittel zur Verfügung stellt und das Eigentum an den hergestellten Produkten erwirbt. Bezahlt wird nicht nach Zeit, sondern nach gefertigten Stücken.

Die Auftraggeber leisten zunächst heftigen Widerstand gegen die Einbeziehung der Heimarbeiter in die üblichen Regelungen für Betriebsarbeitnehmer.

Bemerkenswert ist, dass die Einbeziehung trotzdem mit allen rechtlichen Konsequenzen noch in der Kaiserzeit gelingt – nämlich durch das Hausarbeitsgesetz vom 20. Dezember 1911. Geregelt werden seitdem von den Heimarbeiterausschüssen Fertigungszeiten, Mindestentgelte, Feiertagsbezahlung, Urlaubsansprüche und Jahressonderzahlungen. Und auch die so wichtige Versicherungspflicht wird festgeschrieben. Dass es trotzdem noch lange Lücken für beschäftigte Familienangehörige gibt, stellt in diesen Jahren Günther Brand in seiner Eigenschaft als Rentenberater immer wieder fest.

Zu den Meilensteinen auf dem Weg zur beruflichen Absicherung gehört in Aschaffenburg im Jahre 1907 der erste Schneiderstreik: Er bleibt zwar erfolglos, führt aber dazu, dass sich die Arbeitgeber zum „Verband der Aschaffenburger Kleiderfabriken" zusammenschließen. Als dann 1912 wieder gestreikt wird, kommt es erstmals zu einer Vereinbarung über feste Stücklöhne.

Die Heimarbeiterausschüsse

Kaum zu vermeiden ist bis heute, dass die Heimarbeiter der Entwicklung in anderen Bereichen ständig hinterher hinken, weil sie die Weiterentwicklung nicht wie in den Betrieben erkämpfen können. Und selbst dieses Angleichen muss – so Hugo Karpf – erst einmal erreicht werden. Noch heute sind hierfür Heimarbeitsausschüsse zuständig. Sie bestehen aus je drei Beisitzern aus Kreisen der Auftraggeber und der Beschäftigten sowie einem von der zuständigen Arbeitsbehörde bestimmten Vorsitzenden. Bei der Beschlussfassung hat sich der Vorsitzende zunächst der Stimme zu enthalten. Kommt eine Stimmenmehrheit nicht zustande, übt er nach weiterer Beratung sein Stimmrecht aus.

Das Ergebnis wird dann mit bindender Festsetzung für alle Auftraggeber und Heimarbeiter nach Zustimmung der zuständigen Arbeitsbehörde (für den Bund ist das das Bundesministerium für Arbeit und Sozialordnung) veröffentlicht (für den Bund im Bundesanzeiger). Und es ist in den Betrieben auszuhängen.

Heinz Zoll, der langjährige Geschäftsführer der Gewerkschaft Textil Bekleidung für Unterfranken, war viele Jahre im Heimarbeiterausschuss für die Herstellung von Textilien und Bekleidung tätig (Nachfolger sind heute Walter Scharf und Günther Brand). Er hatte viele Kontakte mit dem 1994 verstorbenen Hugo Karpf. So erinnert er sich daran, wie einmal der stets besonnen auftretende Hugo Karpf bei einer Verhandlung im Heimarbeiterausschuss seine Aktentasche packt und gehen will, weil er keine Einigungsmöglichkeiten mehr sieht. Die Auftraggebervertreter reden daraufhin auf ihn ein. Die Sitzung wird unterbrochen. Und schließlich kommt man dann doch noch zu einem Abschluss.

Die Einhaltung der Vorschriften wird vom Gewerbeaufsichtsamt überwacht. Heinz Zoll, der beruflich viele Bekleidungsbetriebe in Unterfranken besucht, begegnete unterwegs häufig dem Prüfer Georg Bachmann. Wenn dieser seine „schwere Aktentasche" dabei hat, weiß Heinz Zoll gleich, dass Georg Bachmann wieder einmal zur Entgeltprüfung in einem Bekleidungsbetrieb unterwegs ist. Dabei kommt dann durchaus von Zeit zu Zeit auch eine kräftige Nachzahlung heraus. Manchmal wird gemunkelt, dass ein Heimarbeiter seinem Auftraggeber heimlich die Nachzahlung wieder zusteckte. Er will ja auch weiterhin Aufträge von ihm erhalten...

Einfach sind die Verhandlungen und ihre Umsetzung gewiss nicht. Aber letztlich sind sie erfolgreich – insbesondere wenn man sie mit dem seit Jahren ungelösten Problem der „Geringentlohnung" in bestimmten Branchen vergleicht. Die Arbeit der Heimarbeitsausschüsse zeigt auch, dass es durchaus Alternativen zur staatlichen Festsetzung eines einheitlichen Mindestlohnes gibt. Kurzum: Vieles spricht dafür, Menschen zu beteiligen, die aus der Welt der Betroffenen kommen. Im Grunde genommen wird ein Hugo Karpf auch und gerade heute gebraucht.

Dieser Abschnitt wurde unter Abstimmung mit Heinz Zoll, Günther Brand und Walter Scharf erstellt. Sie gehörten der Selbstverwaltung der Berufskrankenkasse des Bekleidungsgewerbes (Braunschweiger Kasse) an.

Literatur

Heinrich Peters: Die Entwicklung und Struktur der Oberbekleidungsindustrie im Raum Aschaffenburg. Frankfurter Wirtschafts- und Sozialgeographische Schriften. Band 61, Frankfurt/Main 1992.

Elisabeth Haaf: Wie dem auch sei: Es lebe hoch die Schneiderei. Leidersbach. Vom armen Spessartdorf zum Zentrum der Bekleidungsindustrie. Aschaffenburg 1996.

Hugo Karpf: Heimarbeit und Gewerkschaft. Köln 1980.

Ernst Pfeifer: Hugo Kraft erlebte die Kaiserzeit, überlebte die Republik von Weimar und den Nationalsozialismus. Nach 1945 war er führend beteiligt am Aufbau der neuen Demokratie. In: Spessart, 1994, Heft 9, S. 3-14.

Gerhard Wörner: Aschaffenburg –Keimzelle und Schwerpunkt der deutschen Bekleidungsindustrie. In: Aschaffenburger Jahrbuch, Band 3. Aschaffenburg 1956, S. 386-400.

Paul Arndt: Die Heimarbeit im Rhein-Mainischen Wirtschaftsgebiet. Monographien. Hrsg.: Wissenschaftlicher Ausschuss der Heimarbeiterausstellung. Frankfurt/Main 1908 (erhältlich als Nachdruck bei Bertrams Print on Demand).

Karl Bittmann: Hausindustrie und Heimarbeit in Baden. Karlsruhe 1905.

Reinhard Bäckmann: Nähen – Nadel – Nähmaschine. Ursprünge der Nähtechnologie im Zeitalter der ersten industriellen Revolution. Baltmannsweiler 1991.

Historische Heimschneiderwerkstätten im Museum

Heimschneidermuseum, Hauptstraße 3, Großwallstadt   www.lifestyle.grosswallstadt.de
Wie aufgezeigt, entsteht Ende des 19. Jahrhunderts in den Dörfern um Aschaffenburg eine einzigartige Heimschneiderregion mit regelrechten „Schneiderdörfern". Zu ihnen gehört Großwallstadt. Dort gibt es ein Heimschneidermuseum, das sich mit der Entwicklung der Heimschneiderei befasst. Der Wandel wird besonders deutlich im Vergleich der dort gezeigten Heimschneiderwerkstätten um 1900 und um 1933.

Heimschneiderwerkstatt um 1900. In dieser Zeit werden noch viele Arbeitsschritte mit der Hand durchgeführt. Die Nähmaschine wird mit den Füßen angetrieben. Elektrischen Strom gibt es noch nicht. Wichtig ist, dass ein Kamin da ist, damit die Bügeleisen auf dem Ofen erhitzt werden können. Später werden diese Bügeleisen dann von Holzkohlebügeleisen abgelöst. Beleuchtet wird der Raum nur durch eine einfache Petroleumlampe. Schon recht früh schaffen sich relativ viele Heimschneider eine Knopflochmaschine an. Eine Erhebung von 1908 verzeichnet sie schon für 33 von 150 untersuchten Betrieben.

Heimschneiderwerkstatt um 1933. Der elektrische Strom hat die Welt der Heimschneider enorm verändert. Durch den Einsatz von Maschinen können sie sich bis zum 2. Weltkrieg behaupten. Trotz Krieg, Inflation, Währungsreform und Weltwirtschaftskrise floriert die Bekleidungsindustrie. Viele Heimschneider haben deshalb genug finanzielle Mittel, um Nebengebäude zu Werkstätten auszubauen. Manche können sich sogar einen Neubau leisten. Großwallstadt wurde schon 1921 mit elektrischem Strom versorgt. Seitdem können dort Maschinen mit Elektromotoren betrieben werden. Dann werden Spezialmaschinen für bestimmte Arbeitsschritte entwickelt. Und das beschleunigt die Produktion noch einmal erheblich.

Heimat- und Schulmuseum
Alte Schulstraße 1, 63853 Mömlingen – www.geschichte-untermain.de/moem_schulmuseum

Seit seiner Gründung im Jahr 1978 sammelt der Heimat- und Geschichtsverein Mömlingen im Ort erhaltene alte Gebrauchsgegenstände. Ihre inzwischen breit angelegte „Heimatkundliche Sammlung" wird heute im Heimat- und Schulmuseum gezeigt. Dazu gehören eine Heimschneiderstube und eine Schusterwerkstatt.

Vom späten 19. Jahrhundert bis in die 1960er-Jahre bot die Heimschneiderei in Mömlingen Verdienstmöglichkeiten für viele, die sich zuvor nur kärglich – meistens als Kleinbauern – ernähren konnten. In der Heimschneiderstube sind verschiedenartige Nähmaschinen und schwere Bügeleisen auf massiven Holztischen zu sehen – so wie sie zu jeder Heimschneiderstube gehörten. Die Mömlinger Heimschneiderstube war schon im Germanischen Museum in Nürnberg ausgestellt. Original aufgebaut wurde auch eine Schusterwerkstatt – so wie es sie früher in fast jedem Dorf gab.

Fuhrmann- u. Heimschneidermuseum
Hinterdorf 10, 97833 Frammersbach

Sticken mit Computertechnik

Die Mechanisierung des Stickens – Automatische Herstellung von Stickerei-Designs
Ungeahnte neue Möglichkeiten durch Digitalisierung – Vollautomatische Stickerei mit dem Scanner

Die Stickerei unterscheidet sich durch ihren Zweck von vielen anderen Textilarbeiten. Sie ist nämlich einzig und allein Schmuck. Ihre Vielfalt beginnt bei den kleinsten persönlichen Gegenständen wie dem bestickten Taschentuch und reicht bis hin zu den großen Dingen des täglichen Lebens. So werden Decken, Kissen und Möbelbezüge seit eh und je bestickt. Wir haben in einem der ersten Abschnitte gesehen, wie früher manuell gestickt wurde. Diese Zeit ist längst vorbei. Die Maschine hat die klassische manuelle Stickerei ersetzt und so eine enorme Vielfalt in hoher Qualität bezahlbar gemacht.

Stickerei soll letztlich den Stil von Textilien und Bekleidungsstücken unterstreichen. Besonders auffällig ist dies bei Steigerungen ins Festliche, Feierliche oder Repräsentative. Wer hat nicht schon die prächtigen Stickereien auf einem Prunkgewand oder dem Thronhimmel eines Fürsten bewundert? Oder den Kirchenschmuck und die sakralen Baldachine geistlicher Herrscher! Stickerei kann aber auch mit wenigen Stichen Schlichtheit unterstreichen oder mit herausfordernden Motiven die Wirkung von Protestkleidung steigern. Alles ist möglich!

Die Mechanisierung des Stickens

Sticken war früher eine sehr zeitaufwändige manuelle Arbeit. Als menschliche Arbeitskraft nicht teuer oder die Stickerei ganz einfach nur Bestandteil der Muße war, hatte der Zeitaufwand nicht so große Bedeutung wie heute. Als sich dann aber im 19. Jahrhundert die industrielle Massenproduktion von Textilien durchsetzt, stellt man auch Überlegungen an, wie man das Sticken mechanisieren könnte. Die ersten Nähmaschinen geben früh den Anstoß, auch hierfür eine Maschine zu entwickeln. Genau genommen ist eine Stickmaschine nämlich nichts anderes als eine Nähmaschine besonderer Art.

Schon 1828 ist es soweit: In diesem Jahr stellt nämlich Josua Heilmann eine von ihm entworfene Stickmaschine vor, deren Konstruktionsprinzip man noch heute in den modernsten, inzwischen natürlich elektronisch gesteuerten Schiffchenstickmaschinen findet.

Wie bei der Nähmaschine folgt auch hier Verbesserung auf Verbesserung. Anfang des 19. Jahrhunderts müssen die Stickerinnen wahre Künstlerinnen sein, die zum Beispiel mit lange eingeübter Geschicklichkeit den Stickrahmen unter der Nadel führen, den Nadelausschlag mit dem Kniehebel bestimmten und außerdem noch die Stickgeschwindigkeit mit dem Fuß regulieren.

Automatische Herstellung von Stickerei-Designs

Allmählich wird die Zeit dann reif für die Entwicklung einer automatischen Stickmaschine. Die automatische Herstellung von Stickerei-Designs ist eng mit dem Namen Paul Gunold verbunden. Diese Entwicklung beginnt damit, dass Max Brettschneider, ein Freund von Paul Gunold, 1927 eine automatische Stickmaschine entwickelt. Über einen Anschluss an der Maschine kann der Stickvorgang jetzt automatisch durch das Lesen von Lochkarten gesteuert werden. Welch eine Erleichterung! Welch ein Fortschritt! Paul Gunold, der Gründer der heute weltweit tätigen GUNOLD GMBH ist damit der erste Programmentwickler für die Automatenstickerei.

Ungeahnte neue Möglichkeiten durch Digitalisierung

Der nächste gewaltige Innovationssprung erfolgt vor rund 50 Jahren mit der Einführung der Digitalisierung in die Automatenstickerei. Bis dahin musste nämlich Stich für Stich manuell gepunch werden. Bei einer Stickerei mit 5000 Stichen musste man entsprechend 5000 Stiche manuell setzen. Damit der Puncher Feinheiten erkennen konnte, wurden Zeichnungen vielfach vergrößert.

Mit dem Computer wird diese Arbeit nicht nur erheblich erleichtert. Es eröffnen sich auch ungeahnte neue Möglichkeiten. So können Designs mittels einer „Editierfunktion" modifiziert werden – eine enorme Zeitersparnis, wenn man bedenkt, dass früher jede Änderung ein komplettes Neupunchen erforderte. Faszinierend ist auch die völlig neue Möglichkeit, Unterleg- und Hauptstiche in einem Arbeitsgang zu kombinieren. Der Puncher kann jetzt den Unterlegstich, der zum Design oder zum Stoff passt, vorwählen. Die Maschine integriert diese Vorgabe in das Design. Er muss also nur noch die Hauptstiche selbst punchen.

Überhaupt können jetzt alle Sticharten (sog. "Effekte") abgespeichert und so auch für andere Designs verwendet werden. Auf diese Weise entsteht im Laufe der Zeit eine riesige Design-Bibliothek, die den Punchern eine nahezu unbegrenzte Kreativität ermöglicht.

Vollautomatische Stickerei mit dem Scanner

Mit der Einführung des Scanners wird schließlich die Verwendung von Zeichnungen und Zeichentischen überflüssig. Gunold entwickelt auch ein neues Stichwort namens „Fotostich", mit dem sich ein eingescanntes Bild automatisch in Platt und Heftstiche umsetzen lässt. Das ist vollautomatische Stickerei.

Bei der Umsetzung einer Zeichnung oder eines Fotos kommt es entscheidend auf die Zahl der Stiche an, weil von ihnen die Herstellungskosten abhängen. Ist ihre Zahl zu hoch, gibt es Möglichkeiten zur Verringerung – so wie es beim Komprimieren von Fotos heute üblich ist. Nach Abstimmung der Farben folgt dann die Reinzeichnung. Errechnet werden auch Garnverbrauch und die Maschinenlaufzeit.

Kurzum: Mit dem Scanner wird der endgültige Bruch mit der Tradition vollzogen. Arbeitsgeschwindigkeit, Qualität und Möglichkeiten erhöhen sich enorm. Und das hat zur Folge, dass es heute eine faszinierende Bandbreite von Stickereien auf allen möglichen Textilien gibt, die trotz ihrer Komplexität in hoher Qualität bezahlbar sind.

Unternehmen
GUNOLD GMBH
Obernburger Straße 125, 63811 Stockstadt – www.gunold.de

Dieser Abschnitt wurde unter Abstimmung mit der GUNOLD GMBH erstellt. Den Grundstein für das Familienunternehmen legte 1927 Paul Gunold in Plauen mit der Gründung einer kunstgewerblichen Zeichnerei und Kartenschlägerei. Er stellte für die von Max Bredtschneider erfundene und von Würker (Dresden) gebaute Stickmaschine Entwürfe und Lochkarten her. Nach dem Zweiten Weltkrieg kommt es durch Flucht zum heutigen Stammsitz in Stockstadt.

Die tiefgreifenden Strukturveränderungen im Textil- und Bekleidungsgewerbe, von denen wir in diesem Buch immer wieder berichten müssen, sind auch an der gunold + stickma GmbH nicht spurlos vorübergegangen. War sie früher auf die Bereiche Design, Materials, Technology und Machines aufgeteilt, besteht heute unter der Firmierung Gunold GmbH nur noch der Bereich Materials. Damit konzentriert sich das Unternehmen auf die Produktion und den Vertrieb von Stickgarnen, Stickvliesen, Nadeln, Folien und Effektstoffen. Außerdem werden seit zehn Jahren Seminare und Workshops für industrielle Stickkunden veranstaltet.

4. Kapitel

Der anonyme Verbraucher im Focus des Marketing

Eine Kleidermarke, so bekannt wie CocaCola, Mercedes oder Persil

Wir haben gesehen, dass im Laufe der Industrialisierung die Herstellung preiswerter Textilien und Bekleidung rasant zunimmt. So rasant, dass schließlich mehr produziert als nachgefragt wird. Damit reicht es für den Unternehmer nicht mehr aus, Produkte nur herzustellen. Er muss sich jetzt auch gegen Konkurrenzprodukte durchsetzen. Die Nachfrager entscheiden. Dabei spielt manchmal schlichtweg nur der Preis eine Rolle. Zunehmend rücken dann auch Qualitätsmerkmale und Service in den Vordergrund. Letztlich kommt es darauf an, dass der Unternehmer seine Produkte auf die Bedürfnisse und Vorstellungen seiner Zielgruppen ausrichtet. Wir haben das in Helmbrechts kennengelernt: Ihre Schals konnten die Helmbrechtser auf den fremden Märkten so erfolgreich verkaufen, weil diese genau den Vorstellungen der dortigen Menschen – also der örtlichen Nachfrage – entsprachen.

Im Aufschwung steigen die Ansprüche

Dieser Prozess wiederholt sich dann noch einmal in den Nachkriegsjahren. Da kommt es zunächst darauf an, überhaupt Waren auf den Markt zu bringen, und zwar so preiswert wie möglich. Mit dem wirtschaftlichen Aufschwung steigen dann die Ansprüche. Qualität setzt sich durch. Diese Erfahrung macht auch der Hamburger Unternehmer Werner Otto. Als er nach Kriegsende nämlich feststellt, dass es in Norddeutschland kaum Lederschuhe gibt, kauft er für „seine letzten Reichsmark" eine Schuhfabrik im Hamburger Stadtteil Schnelsen. Mit Schuhen kennt er sich zwar nicht aus – das gibt er selbst zu. Aber jetzt kommt es erst einmal darauf an, überhaupt Schuhe anzubieten. Weil die Qualität seiner Schuhe schlecht ist, nennt er sie „Gurken". Und die müssen absetzbar sein, weil die Leute Schuhe brauchen – so oder so. Das geht einige Zeit mehr oder minder gut. Dann aber bleiben seine „Gurken" liegen, weil Schuhe in besserer Qualität auf den Markt kommen. Die Ansprüche ändern sich – die Leute sind nicht mehr auf Gurken angewiesen. Also gibt er seine „Gurkenproduktion" auf.

Eine Erfolgsstory

Mit dem zweiten Anlauf beginnt dann seine Erfolgsstory. Jetzt bietet Otto nämlich Schuhe verschiedener Hersteller an. Dazu klebt er Fotos dieser Schuhe auf Papier. 28 Schuhe auf 14 Seiten! Daneben schreibt er mit der Hand die Preise und fädelt die Blätter mit einer Paketschnur zusammen. Der erste Otto-Katalog entsteht – ein

Angebot, wie es sich die Kunden jetzt wünschen. Und diese Form setzt sich rasant durch. Heute erzielt das Unternehmen einen Umsatz von mehr als 10 Milliarden Euro im Jahr. Erzählt wird die Geschichte, dass Otto den Kunden auf Wunsch den linken Schuh zur Ansicht zuschickt und sie den rechten Schuh dann per Nachnahme anfordern können. Das allerdings geht nicht immer gut, weil es damals Kriegsversehrte gibt, die nur den linken Schuh brauchen…

Die Nachfrage wandelt sich fortwährend. Wer seine Zielgruppe nicht kennt und sich ihr nicht anpasst, wird vom Markt verdrängt. Das zeigt sich in diesen Jahren gerade wieder beim Schuhhandel, bei dem sich eine Verlagerung der Nachfrage von den Schuhgeschäften ins Internet abzeichnet. Die Ansicht, dass die Kunden die Schuhe vor Ort anfassen und anprobieren möchten, erweist sich offensichtlich als fataler Irrtum. Experten erwarten, dass schon in ein paar Jahren ein Drittel des Umsatzes übers Internet gehen könnte.

Bedürfnisse der anonymen Kundschaft
Kurzum: Der Anbieter muss seine Zielgruppe kennen und sich schnell seinen Vorstellungen anpassen. Der klassische Schneider hat da keine Probleme. Er hat persönlichen Kontakt zu seinen Kunden. Er kennt sie. Er kann mit ihnen umgehen. Das ist anders beim Unternehmer, der auf einem anonymen Markt anbietet. Deshalb muss er – wie auch immer – Marktforschung betreiben. Er muss erst einmal die Bedürfnisse seiner anonymen Kundschaft feststellen. Welche Vorstellungen hat sie von dem gewünschten Produkt? Welchen Zeittrends hängt sie an? Wie sieht ihr Alltag aus? Welche finanziellen Mittel stehen ihr zur Verfügung? Wer das nicht berücksichtigt, hat es schwer, seine Ware an die Frau oder an den Mann zu bringen. Bestens wurde dies einmal ausgedrückt in dem Werbeslogan „Bauknecht weiß, was Frauen wünschen!" René König weist darauf hin, dass insofern von einer völlig widerstandslosen „Manipulation des Konsumenten" keine Rede sein kann. Die Werbung spiegelt zunächst immer erst einmal die Bedürfnisse des Konsumenten wider. Wieweit sie ihn dabei verführt, ist eine andere Frage.

Wir schildern im nächsten Abschnitt, wie es dem württembergischen Unternehmer Wilhelm Bleyle um 1900 gelingt, das alles zu berücksichtigen und so sein Produkt nicht nur genau auf die Vorstellungen und die Lebensbedingungen seiner Zielgruppe – der Hausfrau der bürgerlichen Mittelschicht – auszurichten, sondern ihr in seiner Werbung auch zu zeigen, dass sein Angebot bestens in ihren Alltag eingeordnet werden kann. Mit ausgeklügelten Werbestrategien entwickelte er eine Marke, mit der er sich von anderen Angeboten abgrenzt. Das ist eine bemerkenswerte Pionierleistung des modernen Marketing.

Bleyle: Eine Kleidermarke, so bekannt wie Coca Cola, Mercedes oder Persil

Die Firmengründung – Bleyle setzt sich durch – Der unbekannte Verbraucher – Zielgruppenkenntnisse entscheiden – Der Zeittrend: Gesunde Kleidung ist gefragt -

In den 60er-Jahren des 20. Jahrhunderts stellte das Allensbacher Institut für Demoskopie bei einer Umfrage fest, was damals ohnehin jeder wusste: Die Kleidermarke Bleyle hat in der Bevölkerung einen ebenso hohen Bekanntheitsgrad wie Coca-Cola, Mercedes oder Persil. 94 Prozent der befragten Frauen und 80 Prozent der Männer war die Marke geläufig. Der Name Bleyle stand für sie für einen traditionellen deutschen Markenartikel, der als solcher gleichermaßen Qualität und Solidität verbürgte. Das war das Ergebnis zahlreicher Werbefeldzüge und einer auf die Bedürfnisse der Verbraucher sowie dem Zeitgeist abgestimmten Werbestrategie. Damit gehört Wilhelm Bleyle zu den erfolgreichsten deutschen Marketingpionieren.

Der Erfolg des Unternehmers Bleyle beruht zu einem erheblichen Teil darauf, dass er nicht nur gute Qualität, sondern auch auf die Bedürfnisse seiner Kundschaft ausgerichtete neue Serviceleistungen anbietet und es ihm gelingt, seine gestrickte Knabenkleidung dem Zeitgeist entsprechend als „gesündeste und bequemste Kleidung der Gegenwart" darzustellen. Die so entwickelte Marke Bleyle gibt den Kunden die Gewissheit, dass sie „wissen, was sie haben". Und darauf legen gerade Mütter zu allen Zeiten sehr viel Wert. Das ist insbesondere im Wettbewerb mit namenloser Ware ein enormer Vorteil. So wird Bleyle denn auch in der ersten Hälfte des 20. Jahrhunderts zu einem der größten deutschen Hersteller von Strickwaren. Anfang der 1970er Jahre allerdings kommt Bleyle ins Straucheln. Mit der Billigkonkurrenz aus dem Ausland kann er nicht mithalten. 1988 muss das Unternehmen schließlich Konkurs anmelden. Aber ein solches Ende kennen wir ja bereits aus anderen Firmengeschichten. Bleyle hat insofern lange „durchgehalten".

Die Firmengründung

Als sich Wilhelm Bleyle 1889 in Stuttgart niederlässt, sind die Rahmenbedingungen für die Gründung eines Konfektionsbetriebes für gestrickte Oberbekleidung günstig: Die Zunftschneider haben ihr einengendes Monopol zur Kleidungsherstellung mit der Einführung der Gewerbefreiheit (im heimatlichen Württemberg erst 1862) verloren. Damit darf Kleidung jetzt industriell produziert werden. Und sie wird industriell produziert, weil der rasante technische Fortschritt (Arbeitsteilung und Erfindung der Nähmaschine sowie in der Maschenindustrie der Rundstrickmaschine und des Rundwirkstuhls) Kleidungsherstellung in nie bekannten Mengen ermöglicht. Es setzt sich immer mehr durch, Kleidung nicht mehr vom Schneider herstellen zu lassen, sondern

„fertig von der Stange" zu kaufen. Dynamische Unternehmer wie der Schneider Johannes Desch treten auf und produzieren große Mengen Kleidung. Und sie produzieren derartige Mengen, dass es sogar ein Überangebot gibt. Eine phantastische Entwicklung!

Bleyle setzt sich durch

Als der Unternehmer Bleyle auftritt, stehen ihm damit einerseits zwar enorme Produktionsmöglichkeiten offen. Er weiß andererseits aber auch, dass es nicht mehr ausreicht, Bekleidung nur zu produzieren. Wer sich auf dem Markt durchsetzen will, muss sein Angebot von den Konkurrenzprodukten abheben. Beste Voraussetzungen bietet dafür die Entwicklung einer eigenen Marke. Dabei sind neben Qualität Produktgestaltung und bedürfnisgerechte Präsentation gefragt.

Weil Bleyle das Marketing meisterhaft beherrscht, wächst sein Unternehmen rasant. Hatte er die Produktion 1889 mit einem Schneider, zwei Näherinnen und fünf Strickerinnen aufgenommen, so beschäftigt er 1895 bereits 40 Mitarbeiter und um 1912 sage und schreibe 1.400 Mitarbeiter. Die Presse jubelt: „Durch ihren hohen wirtschaftlichen und gesundheitlichen Wert haben sich Bleyles Knabenanzüge und –sweater weit über Deutschlands Grenzen hinaus Weltruf erworben!" Wie hat er das geschafft?

Der unbekannte Verbraucher

Bleyle verkauft seine Strickwaren nicht direkt an die Verbraucher (so wie es „früher" üblich war), sondern beliefert Einzelhandelsgeschäfte in ganz Deutschland, die er durch Handelsreisende besuchen lässt. Während der klassische Schneider seine Kunden persönlich bestens kennt, sie zu nehmen weiß, mit ihnen auch Details ihrer Wünsche besprechen und Vorteile seines Angebotes erklären kann, hat es Bleyle mit ihm nicht bekannten potentiellen Verbrauchern zu tun. Erfolg kann er damit letztlich nur haben, wenn er sich ein realistisches Bild über diese Verbraucher macht – über ihre Wünsche und Vorstellungen, ja deren gesamtes Umfeld. Darauf muss er sein Angebot abstellen. Und da er diese Kunden nicht direkt ansprechen kann, muss er Wege und Mittel finden, ihnen klarzumachen, dass die Bleyle-Produkte genau ihren Bedürfnissen und Vorstellungen entsprechen. Bleyle muss sein Angebot also auch bewerben.

Diese Aufgabe nimmt er sehr ernst. So plant er von Anfang an einen großzügigen Werbeetat ein. Bemerkenswert ist auch die Spannbreite seiner Werbemittel. Sie reichen von den damals beliebten Reklamesammelmarken und Haushaltskalendern über Plakate und Schilder bis hin zu Aufstellern – zum Beispiel dem legendären Reklameschild mit dem Jungen im Matrosenanzug auf dem Schaukelpferd. Von diesem Schild werden 1911 6.372 Stück hergestellt. Und von den Reklamesammelmarken werden allein 1913 8,4 Millionen geordert.

Bleyles Markterfolg ist zu einem erheblichen Teil auf die Kenntnis seines potentiellen Käuferkreises und seine darauf ausgerichtete Werbung zurückzuführen. Dies soll anhand zweier zentrale Beispiele gezeigt werden. Gaby Mentges hat sie ausführlich in ihrer Darstellung über die Strategien der Firma Bleyle beschrieben.

Zielgruppenkenntnisse entscheiden
Bleyle richtet sein Angebot vor allem auf die Hausfrau der bürgerlichen Schicht aus. Diese fühlt sich zwar großbürgerlichen Normen verpflichtet, ist aber aufgrund ihrer engen ökonomischen Grenzen auf den rationalen Umgang mit Gebrauchsgütern angewiesen. Das erkennt Bleyle. Genau darauf geht er ein. Und genau das teilt er ihr konkret mit seiner Werbung mit.

So bietet er den „vielbeschäftigten Müttern" die Entlastung von zeitraubenden Flickarbeiten an: „Bleyles Knabenanzüge werden von der Verkaufsstelle bereitwillig zur Reparatur angenommen und zur weiteren Behandlung der Fabrik eingeschickt, welche selbst umfangreiche Reparaturen so kunstvoll ausführt, dass das Auge sie fast nicht wahrnimmt." Und damit der Service tatsächlich angenommen und so die Bindung zu seinen Produkten verstärkt wird, berechnet er hierfür nur seine Selbstkosten.

Gaby Mentges weist darauf hin, dass diese uns heute so einleuchtend erscheinende Reparaturvergabe damals ein enormes Umdenken im privaten Haushalt voraussetzte. Mit dem Flicken – wir haben es in einem früheren Abschnitt darstellt – wird nämlich eine typische häusliche Aufgabe in den außerhäuslichen Bereich verlagert.

Aber weiter: Für kleine Ausbesserungen liegt das Stopfgarn bereits der Ware bei. Dem Waschen der Wollstoffe (eine aufwändige und zeitraubende Angelegenheit) wird durch ausführliche Waschanleitungen Rechnung getragen. Auch dass das Verlängern der Hosenbeine „ohne sichtbare Naht" möglich ist, kommt bei den Frauen an. Bleyle erkennt damit die Bedürfnisse seiner anonymen Kundschaft und richtet sein Angebot konkret darauf aus. In Abwandlung eines klassischen Werbeslogans kann man also sagen „Bleyle weiß, was Hausfrauen wünschen!"

Der Zeittrend: Gesunde Kleidung ist gefragt
Einen Schwerpunkt der Bleyle-Werbefeldzüge nimmt die Gesundheit ein. Gezielt richtet Bleyle seine Werbung auf die Sorge der Hausfrau und Mutter um das Wohlergehen ihrer Familie aus – ein Ansatz der Werbung, dem auch heute große

Bedeutung zukommt. Wir brauchen uns dazu nur die Anzeigen- und Fernsehwerbung anzuschauen.

Auch hier müssen wir den zeitlichen Hintergrund sehen. Bleyle entwirft seine Werbestrategie, als mit Hilfe breit angelegter öffentlicher Kampagnen Aufklärungsmaßnahmen zu praktischer Hygiene durchgeführt werden, um die seit der Jahrhundertmitte aufgetretenen Seuchen (z. B. Cholera) zu bekämpfen. Sie sind Folgeerscheinungen der Industrialisierung der Städte und der dadurch bedingten Wohnverhältnisse. Hygiene ist gefordert. Gerade Bleyles potentielle Käuferschicht ist sensibilisiert.
Auch das gehört zum Bild seiner Zielgruppe, auf die sein Angebot auszurichten ist. Hier gilt, was wir einleitenden Abschnitt über die Mode festgestellt haben: Das Produkt muss das widerspiegeln, „was in der Luft liegt, was die Leute, lesen, denken oder hören."

Bestens ins Werbekonzept passt da natürlich die Aufzählung und Beschreibung der sanitären Vorzüge gestrickter Kleidung durch den Stuttgarter Arzt und Kleidungsreformer Gustav Jaeger (1832-1917), der wollene Kleidung als die einzig gesunde Kleidung anpreist. In der Bleyle-Werbung liest sich das dann so: „Neben großer Bequemlichkeit und seltener Dauerhaftigkeit haben Bleyles Oberkleider durch ihren porösen Stoff die gesundheitlich sehr wichtige Eigenschaft, dass sie den ganzen Körper mit der Außenluft in fortwährend gleichmäßiger Berührung halten. Es wird dadurch die Widerstandsfähigkeit desselben gegen Kälte und Wärme sehr bedeutend erhöht, wie auch eine in keiner Weise belästigende Ausdünstung und Austrocknung des Schweißes ermöglicht." Alles das verbindet man automatisch mit der Marke Bleyle. Da man bei markenloser Kleidung nicht so sicher ist, ob sie das auch bietet, lässt diese Zielgruppe sie liegen – auch wenn sie wesentlich weniger kostet. So setzt man sich bei einem Überangebot von Waren ab!

Welche Bedeutung Bleyle der gleichbleibenden Qualität beimisst, zeigt sich im Ersten Weltkrieg. Als es nämlich auf dem Markt kaum noch gute Wolle gibt, verkauft er seine Waren nicht mehr unter dem Namen „Bleyle", weil er Bedenken hat, sonst seinem Ruf zu schaden.

Bei der Knabenkleidung wird der Aspekt der Beweglichkeit durch Bequemlichkeit stets betont. Er erlaubt dem Unternehmen in den 20er-Jahren ohne Probleme den Übergang zum dann dominierenden „sportlichen Etikett". Aber das ist schon eine weitere Station der erfolgreichen Marktforschung und Werbung der württembergischen Firma Bleyle.

Museum der Alltagskultur

Schloss Waldenbuch

Kirchgasse 3, 71111 Waldenbuch – www.museum-der-alltagskultur.de

Das Bleyle-Belegarchiv befindet sich heute als langfristige Leihgabe im Museum der Alltagskultur. Zu sehen sind neben dem legendären Matrosenanzug gestrickte Bleyle-Oberkleider und auch zahlreiche Werbematerialien – Belege also für die Darstellung in diesem Abschnitt.

Literatur

Christel Köhle-Hezinger, Gabriele Mentges: Der neuen Welt ein neuer Rock. Studien zu Kleidung, Körper und Mode an Beispielen aus Württemberg. Darmstadt 1993.

Dirk Schindelbeck: Marken, Moden und Kampagnen. Illustrierte deutsche Konsumgeschichte. Darmstadt 2003.

Heinz-Gerhard Haupt: Konsum und Handel. Europa im 19. und 20. Jahrhundert. Göttingen 2003.

Bruno Langner: Verführerisch verpackt – Bunte Warenwelt und Werbung. Hrsg. Ruth Kilian, Gessertshausen 2005 (Schriftenreihe der Museen des Bezirks Schwaben, Bd. 33).

Elisabeth Kaufmann: Gustav Jaeger, 1832-1917, Arzt, Zoologe und Hygieniker. In: „Zürcher medizingeschichtliche Abhandlungen" Nr. 171. Zürich 1984.

Gustav Jaeger: Gesundheitspflege, Stuttgart 1912.

Stefanie Samida (Hrsg.): Inszenierte Wissenschaft: Zur Popularisierung von Wissen im 19. Jahrhundert. Bielefeld 2011.

Zeitfracht Medien GmbH
Ferdinand-Jühlke-Straße 7
99095 Erfurt, Deutschland
produktsicherheit@kolibri360.de